AFRIKA

Faszinierende Welten zwischen Himmel und Erde

Am westafrikanischen Niger zaubert das Licht der Sonne wunderbare Stimmungen

Es gibt immer mystische Gegenden, die Teil unserer Kindheit sind. An die wir uns erinnern und die wir manchmal im Traum besuchen. Wenn man aufbricht, um sie mit eigenen Augen zu sehen, sind sie nicht da. Aber nachts, wenn man das Glück hat, von ihnen zu träumen, sind sie schön wie eh und je. Als wir in Afrika auf der kleinen Ebene im Schatten der Akazien, in der Nähe des Flusses, am Rand des Sumpfes, am Fuß der gewaltigen Berge lebten, hatten wir solche Gegenden.

Ernest Hemingway

ACHILL MOSER

AFRIKA

Faszinierende Welten zwischen Himmel und Erde

TURKANAFRAU in Nord-Kenia
GROSSES BILD: Glühende Farbenwechsel am ostafrikanischen Himmel

BRUCKMANN

Atlas-Gebirge (7. Kapitel)
Sinai (4. Kapitel)
Sahara (2. Kapitel)
Mt. Elgon (1. Kapitel)
Gedi (3. Kapitel)
Punt (6. Kapitel)
Nil, Niger, Turkana-See (5. Kapitel)
Nil, Niger, Turkana-See (5. Kapitel)
Nil, Niger, Turkana-See (5. Kapitel)
Mittelmeer
Rotes Meer
ATLANTISCHER OZEAN
INDISCHER OZEAN
Rabat
Algier
Tunis
Tripolis
Marokko
Tunesien
Hoher Atlas
El Aiun
Westsahara
Algerien
Libyen
Ägypten
Kairo
Israel
Libanon
Syrien
Jordanien
Irak
Iran
Afghanistan
Kuwait
Pakistan
Katar
Vereinigte Arabische Emirate
Saudi-Arabien
Oman
Jemen
Ahaggar
2918
Mauretanien
Nouakchott
Mali
Niger
Tschad
Sudan
Khartum
Nil
Blauer Nil
Weißer Nil
Eritrea
Asmara
Dschibuti
Addis Abeba
Äthiopien
Somalia
Omo
Mogadischu
Senegal
Dakar
Banjul
Gambia
Bissau
Guinea-Bissau
Guinea
Conakry
Sierra Leone
Freetown
Monrovia
Liberia
Bamako
Burkina Faso
Ouagadougou
Niamey
Elfenbeinküste
Abidjan
Ghana
Accra
Togo
Lome
Benin
Porto Novo
Nigeria
Abuja
Benue
N'Djamena
Kamerun
Yaounde
Malabo
Äquatorial-Guinea
Libreville
Gabun
Kongo
Brazzaville
Kinshasa
Zentralafrikanische Republik
Bangui
Zaire
Uganda
Kampala
Viktoriasee
Kenia
Nairobi
Kilimandscharo
5895
Mombasa
Ruanda
Kigali
Burundi
Bujumbura
Dodoma
Tansania
Sansibar
Dar es Salaam
Luanda
Angola
Sambia
Lusaka
Malawi
Lilongwe
Harare
Mosambik
Simbabwe
Namibia
Windhuk
Botswana
Gaborone
Pretoria
Maputo
Johannesburg
Swasiland
Lesotho
Südafrika
Kapstadt
Madagaskar
Antananarivo
N
800 km

Inhalt

Vorwort: Auf magischen Pfaden in die Vergangenheit 6

MOUNT ELGON – Der Dschungelberg der Elefanten 10

SAHARA – Kulturschätze im Wüstenlabyrinth 28

DIE URWALDSTADT GEDI – Auf dem »Seeweg der Tränen« zum »ostafrikanischen Pompeji« 46

SINAI-GEBIRGE – Auf den Spuren von Moses 70

NIL, NIGER UND TURKANA-SEE – Flussfahrt durch das Tagebuch der Erdgeschichte 92

PUNT – Auf der Suche nach dem rätselhaften Goldland der Pharaonen 112

ATLAS-GEBIRGE – Im marokkanischen Felsreich der Berber-Burgen 126

Impressum 144

Auf magischen Pfaden in die Vergangenheit

Himmel über Afrika – im Westen Kenias

Afrika hat dich gepackt und von deiner Vergangenheit, deinem früheren Ich abgeschnitten.
Deshalb wirst du dich immer nach der Ferne sehnen und immer wieder zurückkehren müssen. (...)
Nirgendwo sonst auf der Welt gibt es einen derart gewaltigen Himmel. Er hängt über dir wie ein riesiger Schirm und raubt dir den Atem, und zwischen der Endlosigkeit der Luft über dir und der festen Erde unter dir wirst du zu Boden gedrückt. Der Himmel ist überall rings um dich, dreihundertsechzig Grad weit: Himmel und Erde eine wechselseitige Luftspiegelung.
Der Horizont ist hier keine flache Linie mehr, sondern ein unendlicher Kreis, der dich taumeln lässt.
Ich wollte wissen, welcher Trick sich hinter diesem Geheimnis verbirgt, denn es ist nicht einzusehen, weshalb es an einem Flecken der Erde mehr Himmel geben sollte als anderswo. Aber es ist mir nicht gelungen, die optische Täuschung zu erkennen, die den afrikanischen von jedem anderen Himmel unterscheidet. (...)
Ein Wort fällt dir ein, das dir seit Jahren nicht begegnet ist. Es steigt von irgendwoher aus deinem Inneren empor.
Du fühlst dich demütig. Denn Afrika ist der Beginn.

Francesca Marciano

Afrika ist noch immer einer der geheimnisvollsten Kontinente der Erde. Eine Welt der Extreme: extrem sind das Klima, die Landschaft und die Menschen. Ein faszinierendes Terrain der Vielfalt und Exotik – voller Rätsel, Mythen und Spiritualität. Kein Erdteil hat ähnliche Wunder zu bieten wie Afrika: Es sind die Farben und Gerüche, die in den Bann ziehen; es ist der unendliche Himmel und die grenzenlose Weite, die einen vereinnahmen.

Sogar den wilden Tieren scheinen in Afrika magische Kräfte innezuwohnen. Sie sind die erste Stufe der Schöpfung. Leben in reinster Form, das auf das menschliche Bewusstsein zutiefst befreiend wirkt – wenn Löwen durch hohe Gräser streifen, Krokodile am Flussufer in der Sonne dösen, Colobusaffen in den Baumwipfeln kreischen, Flamingos in einer rosa Wolke auffliegen, Giraffen zeitlupenartig durch die Savanne galoppieren; Elefanten schlafwandlerisch über endlose Ebenen ziehen.

Wenn ich die vielen Monate addiere, die ich in den vergangenen zwanzig Jahren in Afrika verbracht habe, kommen mehr als 1000 Tage zusammen. Eine Zeit, in der ich einen Kontinent kennen lernte, der Traum und Albtraum ist. Afrika ist zweifelsohne ein Erdteil, der ganze Zuneigung oder ganze Ablehnung hervorruft. Man mag Afrika lieben oder sich von Afrika sofort wieder verabschieden: Aber man muss sich entscheiden. Ich entschied mich vor langer Zeit für Afrika und kehrte immer wieder dorthin zurück.

Auf zahlreichen Expeditionen erlebte ich faszinierende und kontrastreiche Landschaften, die selbst die kühnste Fantasie kaum erfinden könnte, und die sich seit undenklichen Zeiten vor der Welt verborgen hielten. Ferne, fremde Regionen, die so unbetretbar scheinen wie die Rückseite des Mondes: labyrinthisch zerklüftete Gebirge, windbewegte Sandmeere und wasserwälzende Urströme, deren Trümpfe uralte Rätsel und Geschichten voller Magie und Mystik sind. Irgendwann packte mich dann im Inneren Afrikas eine zweite Leidenschaft: die Begegnung mit der Vergangenheit. So kam es, dass ich auf den Spuren alter Kulturen und Legenden reiste: durch Wüsten und Urwälder, über Berge, Flüsse und Seen – immer im Rückspiegel der Geschichte. Ich bestieg heilige Berge und kletterte in gespenstische Höhlenlabyrinthe, in denen Elefanten seit Urzeiten nach salzigen Mineralien schürfen; ich forschte prähistorischen Felsbildern nach, die vom Leben in der Jungsteinzeit berichten; reiste in die sagenumwobene Urwaldstadt Gedi, die als »ostafrikanisches Pompeji« gilt; durchstreifte die ozeangleiche Sahara, die einem erdgeschichtlichen Tagebuch gleicht; suchte das legendäre Goldland »Punt«, aus dem die Pharaonen ihre Reichtümer bezogen; wanderte durch das marokkanische Felsreich der Berber-Burgen, die seit Jahrhunderten als Vorratsspeicher genutzt werden; besuchte das geheimnisvolle Volk der Dogon, die den alten Ägyptern verbunden sein sollen – und erkundete die unberechenbaren Gewässer im Herzen Afrikas, um einem gewaltigen zusammenhängenden Wassersystem auf die Spur zu kommen, das sich seit grauer Vorzeit über den halben afrikanischen Kontinent ausdehnte.

Unterwegs im Norden Kenias: ein Krieger (»Imurran«) der Samburu zieht durch die Dornbuschsavanne. Der Name dieses Stammes bedeutet »Schmetterlinge«. Sich selbst nennen die Samburu »loikor kineji« – »die mit den weißen Ziegen«.

Zurückversetzt in der Zeit bekam ich auf all meinen Reisen durch Afrika spannende und interessante Einblicke in die geschichtliche Vergangenheit eines fremden Kontinents, auf dem einst sagenhafte Kulturen entstanden, die jahrhundertelang vergessen wäre. Zudem traf ich vielerorts auf Natur im Urzustand, hatte unvergessene Begegnungen mit Menschen unterschiedlicher Couleur – und erlebte Wundervolle Abenteuer.

In 1000 Tagen Afrika lernte ich, was so schwer nicht ist: Wenn man die Dinge nicht beherrscht, sondern voller Erwartungen an sie herangeht, sich öffnet, sich einfühlt, um das Fremde zu verstehen, das gar nicht so fremd ist, dann gewinnt das Reisen im Schwarzen Kontinent eine wunderbare, sinnerfüllte Intensität.

Begegnungen mit der ungezähmten Natur Afrikas: Flusspferde mit Rachen wie Baggerschaufeln kamen auf dem Turkana-See im Norden Kenias meinem Faltboot gefährlich nahe. Wenn das Boot zerschellt, ziehen wir uns mit einem Seil aus dem Wasser, aber wichtige Ausrüstungsgegenstände gehen verloren. Wenn man in Steppe, Wüste und Urwald unterwegs ist, hat man mit anderen Widrigkeiten zu tun: Kamele sind oft widerspenstig, müssen zum Aufstieg bewegt werden. Backofenhitze erschwert das Vorankommen auf einer »Skitour« durch das Dünenmeer der Sahara. Und bei einem Trek durch Simbabwe muss man eine Dusche unter Kaskaden in Kauf nehmen.

Mount Elgon – Der Dschungelberg der Elefanten

In einem weltentlegenen Winkel Ostafrikas, im Grenzland zwischen Kenia und Uganda, liegt der 4321 Meter hohe Mount Elgon. Ein erloschener Vulkan, den die Massai »Ol Doinyo Ilgoon« nennen – »Brustberg«. Das weitläufige Massiv dieses geheimnisumwitterten Berges ist von einem riesigen Höhlensystem mit tiefen Gängen und Gewölben durchzogen. Besonders in der »Kitum-Höhle«, deren Eingangsschlund 50 Meter beträgt, stillen Elefanten seit Menschengedenken ihren Salzbedarf. Überdies fahndeten Wissenschaftler in dem unterirdischen Felslabyrinth nach einem tödlichen Virus.

Seit undenklichen Zeiten leben Elefanten am Mount Elgon.

Im morgendlichen Frühnebel war ich auf das Skelett eines Elefanten gestoßen, dass weit verstreut in den Gräsern zwischen Buschwerk und Vulkangestein lag. Einige Knochen reckten sich pittoresk in den Himmel, als wollten sie versuchen Hilfe herbeizurufen. Doch dieser Elefant war schon seit Wochen tot. Vergeblich hielt ich zwischen den Gebeinen nach den Stoßzähnen Ausschau – Wilderer. Elfenbein verschwindet schnell in Ostafrika. Ich befand mich in der Nordwestecke Kenias. Hier erhebt sich das viel gipfelige Massiv des Mount Elgon. Einer jener vulkanischen Berge, die das Rückgrat des afrikanischen Kontinents bilden. Genau über dem höchsten Gipfel – 4321 m – verläuft die Grenze zwischen Kenia und Uganda. Es ging mir nicht ausschließlich ums Bergsteigen. Vor allem wollte ich am Mount Elgon die faszinierende Welt des »tropischen Alpinismus« kennen lernen. Ich hatte mir vorgenommen im Gipfelkrater den Ursprung des wilden Suam-Flusses zu erkunden, an dessen Ufer heiße Schwefelquellen liegen. Zudem wollte ich Elefanten in ursprünglicher Natur erleben, die früher im ganzen Kontinent umherzogen und heute zu Gejagten und Schädlingen der Landschaft geworden sind.

Seit Urzeiten gilt der Mount Elgon – der vierthöchste Berg Afrikas, der sich im Durchmesser über 130 km erstreckt – als Heimstatt großer Elefantenherden. Generationen von Dickhäutern haben hier im mineralienreichen Vulkangestein nach lebenswichtigem Salz geschürft. Denn dem Erdboden in der Umgebung des Elgon-Vulkans fehlt es an den für Tiere lebensnotwendigen Salzen – und damit auch den Bäumen, von deren Blättern sich die grauen Kolosse ernähren. Sintflutartige Regengüsse haben hier die Mineralien aus dem lockeren Erdreich gewaschen. Dieser regionale Mineralienmangel hat die

Elefanten rund um den Mount Elgon zu »Bergtieren« werden lassen, die sich seit Jahrtausenden in das Vulkangestein gefressen haben, um ihren Salzbedarf zu stillen. So entstand ein riesiges, unterirdisches Höhlensystem, das nicht nur Tiere als Unterschlupf nutzten, sondern auch die Elgon-Massai, die alles andere als friedfertig waren. Bis in die 80er Jahre hinein lebten die Angehörigen dieses Stammes – zusammen mit ihren Rindern – im Inneren des Berges.

Unser erster Versuch, den Mount Elgon zu besteigen, war gleich gescheitert. Wir, meine beiden Begleiter Christopher aus Zürich und Michael aus Hamburg sowie die kenianischen Bergführer Morris und Kibseng, waren aus Nairobi gekommen. Im Geländewagen hatten wir das ostafrikanische Rift Valley passiert, um nach Kitale zu gelangen, eine kleine, von Engländern mitten in fruchtbarem Farmgebiet angelegte Stadt. Dreißig Kilometer hinter Kitale endete die Straße. Eine Piste, die etwas euphemistisch als »Passstraße« bezeichnet wird, sollte bis auf 3400 Meter Höhe führen. Doch ein Gewitter hatte den Boden an vielen Stellen in Schlamm verwandelt. Nur mühsam schlingerte unser Wagen die Urwaldpiste hinauf, die von Elefantendung gesäumt war. Dornenbesetzte Äste peitschten mit der Wucht einer Rute gegen die Windschutzscheibe. Und umgestürzte Baumriesen, die gelegentlich unsere Fahrt stoppten, mussten mit Äxten und Sägen beiseite geschafft werden.

Schließlich hatten wir einen großen Teil des Bergurwaldes hinter uns gelassen und die Heidekrautzone erreicht, als ein tiefes Schlammloch unserer Fahrt ein Ende setzte. Bis zur Achse sackte der Landrover in den Morast. Vier Stunden mussten wir das Fahrzeug freischaufeln. Darüber war es Abend geworden. Am nächsten Morgen machten wir einen zweiten Anlauf. Diesmal kamen wir mit dem Geländewagen bis zum Ende der Passstraße. Endlich konnten wir die Rucksäcke schultern und uns auf den Weg machen. Es ging durch dichten Bambusdschungel und Regenwald, der aus moosbewachsenen Kosobäumen, afrikanischen Olivenbäumen und peitschenartigen Teakholzgewächsen bestand. Mühsam kletterten wir schlüpfrige Felshänge hinauf, wateten durch sumpfige Moore oder schäumende Bäche.

Himmelhohe Urwaldriesen, wie Schwämme mit Feuchtigkeit vollgesogen, wechselten mit leuchtenden Blumen oder baumdicken Senecien. Zudem hingen meterlange Lianen und Bartflechten wie Vorhänge von modrigen Ästen, während langhaarige Colobusaffen in den Baumwipfeln von Ast zu Ast sprangen: Schwarzweiße Flugkörper, die ebenso wie die Schwarze Mamba und andere Giftschlangen hier ihr Zuhause haben.

Nach stundenlangem Marsch führte uns ein steiler Pfad in einen gespenstischen Nebelwald. Schleierhafte Schwaden trieben vorbei und verdichteten sich, als uns leise Stimmen, von der Stille des Bergurwaldes verstärkt, aus dem milchigen Dunst erreichten. Rasch suchten wir hinter umgestürzten Baumriesen Deckung. Jeder von uns hatte den gleichen Gedanken: Ngorokos, bewaffnete Räuberbanden, zu denen ehemalige Soldaten des Idi-Amin-Regimes sowie gesetzlose Stammesangehörige der Turkana und Karamoja zählten.

Seit geraumer Zeit trieben diese Banden im unkontrollierten Grenzgebiet zwischen Uganda und Kenia mordend und raubend ihr Unwesen.

Regungslos verharrten wir im dichten Nebel, während die Stimmen und Schritte langsam näher kamen. Plötzlich sagte Morris: »Ich glaube, ich kann ihre Worte verstehen.« »Und? Was sagen sie? Sind es Ngorokos?« Augenblicke, die sich zur Ewigkeit dehnten. Dann die Erlösung:. »Das sind Schmuggler aus Uganda...« – Kurz darauf sahen wir sie: Vier Gestalten, die Autoreifen und Stoßstangen über den Elgon-Vulkan schleppten. Auf den Märkten Kenias sollten die Waren zu Geld gemacht werden. Erleichtert blieben wir im Verborgenen, wollten die Schmuggler nicht aufschrecken.

Im schlimmsten Falle hätten man uns für eine kenianische Militärpatrouille gehalten, was im diffusen Licht zu unliebsamen Missverständnissen hätte führen können.

Der Elgon-Vulkan gilt als vierthöchstes Bergmassiv Afrikas.

IN DER ELEFANTENHÖHLE

Tags darauf erreichten wir – inmitten von dichtem Urwaldgrün – einen mächtigen Wasserfall: Gischtendes, von Vulkanasche getrübtes Wasser stürzte hier über einen moosbehangenen Felsen herab. Hinter dem Fall gähnte der 50 Meter hohe Schlund der Kitum-Höhle. Durch einen waagerechten Gang gelangten wir in das Innere des Berges, wo sich große Gewölbe ausdehnten.

Seit undenklichen Zeiten gleicht die Kitum-Höhle einem unterirdischen Verkehrsknotenpunkt des Urwaldlebens. Hier trifft man nicht nur Antilopen, Wasserböcke, Paviane und Leoparden, sondern auch Spitzmäuse, Ratten oder murmeltierähnliche Klippschliefer. Vor allem nutzen die Elefanten die Höhle als »Salzquelle«. Hier decken die grauen Kolosse – besonders nachts – ihren Mineralbedarf, während die Flughunde an der Höhlendecke hängen. Ringsum sind die Felswände mit dem grünen Schleim ihrer Exkremente überzogen .

Immer wieder begegneten wir den grauen Dickhäutern rund um die Kitum-Höhle. Mal stießen wir auf ihre tellergroßen Fußabdrücke, die sich im lockeren Erdreich abzeichneten; dann wieder standen wir unvermittelt vor einer ganzen Herde, die im Gänsemarsch einen Berghang emporstapfte. Und abends trennte uns nur die dünne Wand aus Zelttuch von den grauen Leibern, die auf ihrem Weg zur Kitum-Höhle manchmal durch unser Lager zogen.

Wenn wir den veritablen Dickhäutern in die Unterwelt des Mount Elgon folgten, konnten wir zuweilen beobachten, wie sich die grauen Kolosse mit dem lang nach vorne ausgestreckten Rüssel ihren Weg durch die Kitum-Höhle »erfühlten«, während an der zerklüfteten Felsdecke die rubinroten Augen der Flughunde glühten. Anders als etwa die Buschbock-Antilopen, die ebenfalls die Höhlen am Elgon-Berg aufsuchen, können die Elefanten die in dem Gestein enthaltenen Salze nicht mit der Zunge ablecken. Statt dessen brechen sie mit ihren Stoßzähnen Felsbrocken aus den Höhlenwänden, die sie mit dem Rüssel aufsaugen und verspeisen.

Die unterirdischen Mineral-Mahlzeiten bringen für die Elefanten aber auch Gefahren mit sich. Denn im lichtlosen Höhlengewölbe müssen die grauen Kolosse oft über Geröllhalden klettern oder schroffen Felsklüften ausweichen. Nicht selten verliert ein Tier dabei sein Gleichgewicht und stürzt in ein Erdloch, wo es elendig zugrunde geht. Elefantenskelette, die wir verstreut auf dem pulvrigen Höhlenboden entdeckten, sind ausreichender Beweis dafür.

Darüber hinaus gilt die Kitum-Höhle als eine Art Virus-Paradies. Hier sollen sich in den 80er Jahren zwei Menschen mit dem Marburg-Virus infiziert haben, der für Wissenschaftler zur höchsten »Gefahrenstufe 4« zählt: hochinfektiös, tödlich, Heilmittel unbekannt.

Der Suam-Fluss, dessen Quelle in der Gipfelregion des 4321 Meter hohen Mount Elgon entspringt, bahnt sich seinen Weg durch den weltentlegenen Nordwesten Kenias.

In den 60er-Jahren wurde dieses Virus nach der deutschen Universitätsstadt Marburg benannt. Dort infizierten sich Laboranten der Behringwerke mit dem tödlichen Erreger, als sie Untersuchungen an Affen aus Uganda vornahmen, die der Spezies Cercopithecus aethiops angehörten. Seinerzeit wurden in Marburg Nierenzellen der Affen kultiviert, um Impfstoffe gegen Kinderlähmung und Masern herzustellen.

Fast zwanzig Jahre später schienen Wissenschaftler überzeugt zu sein, dass das Marburg-Virus seinen Schlupfwinkel am Mount Elgon hat. Denn hier war es, wo der tödliche Erreger – einem Raubtier gleich – in der Kitum-Höhle auf Beute gelauert hatte: Zum einen war da der französische Techniker Charles Monet, der im Januar 1980 in die kenianische Höhle gestiegen war. Kurz darauf hatte er Schwindel, Fieber und Erbrechen. Es platzten Nasengefäße und Eingeweide. Bluttransfusionen scheiterten, weil die Adern zerrissen. Niemand im Nairobi Hospital konnte den Tod verhindern. Ähnlich erging es dem zehnjährigen Peter Cardinal, der im August 1987 Bergkristalle in der Kitum-Höhle sammelte, ehe der Marburg-Virus von seinem Leben Besitz ergriff. In jedem Tropfen Blut breiteten sich Millionen von wurmigen, zu Schleifen verschlungenen Killern aus. Zwei Wochen später war der dänische Junge tot.

Vor dem Schlafengehen wird das Zelt mit den noch glimmenden Überresten des Lagerfeuers eingerahmt. Asche ist ein probates Mittel gegen Ameisen wie auch gegen größere Insekten.

Aufstieg zum Mount Elgon (4321 m), dessen Gipfelbereich von dichten Nebelwolken umhüllt ist.

Bald darauf begann am Mount Elgon die Suche nach dem Ursprung des Marburg-Virus, das erst durch Leben zu Leben erweckt wird. Denn ohne einen lebendigen Wirt, den ein Erreger nutzt, um sich zu vermehren, erstarren die Viren wieder in Leblosigkeit. Ein Expertenteam – unter der Leitung des US-Virologen Eugene Johnson, vom Forschungszentrum für biologische Kampfstoffe der US-Armee in Fort Detrick – fahndete einen Monat lang nach dem tödlichen Virus in der Kitum-Höhle. Wie Astronauten bewegten sich die Forscher in ihren orangefarbenen Schutzanzügen durch das unterirdische Gewölbe, während batteriebetriebene Aggregate für Atemluft sorgten. Um dem Marburg-Virus auf die Spur zu kommen, untersuchten die Wissenschaftler die gesamte Höhlen-Fauna; zudem fing man Bremsen, Mücken, Schnaken und Stechfliegen mit Lichtfallen – erwischte Käfer, Krabbelgetier und Wanzen mit Klebestreifen. Selbst Vögel, Fledermäuse, Ratten, Klippschliefer, Zecken und 50 000 Insekten wurden sorgfältig analysiert. Schließlich hatte man jeden Winkel in dem geheimnisvollen, ökologischen Netzwerk der Kitum-Höhle gewissenhaft in Augenschein genommen, doch das Marburg-Virus blieb verschwunden. Bis heute ist sein natürlicher Wirt unbekannt.

Gleichwohl kam, was kommen musste. Nur ein Jahr später bluteten Affen bei einem Tierhändler in einem Vorort von Washington. In ihren Adern hatte sich ein enger Verwandter des Marburg-Virus ausgebreitet. Der Virologe Eugene Johnson und sein Team räucherten das Affenhaus mit Desinfektionsmittel aus. Menschen erkrankten nicht. Doch im Blut von vier Tierpflegern, die keinen direkten Kontakt mit dem Affenblut hatten, fanden sich Antikörper gegen den neuen Erreger, der Reston-Virus getauft wurde. Damit war bewiesen, dass das Virus, übertragen durch die Luft, seinen Weg vom Tier auf den Menschen gefunden hatte.

ZUM GIPFEL DES VULKANS

Oberhalb der Kitum-Höhle erstreckte sich ein verwüstetes Gelände: Bäume waren hier geknickt, niedergewalzt und aus dem Erdreich gerissen worden. Eine Szenerie wie vor Millionen Jahren. Denn Elefanten hat es am Elgon-Vulkan schon zu Urzeiten gegeben. Zeugnisse der Vergangenheit fanden die weltberühmten Paläoanthropologen Mary Leakey und ihr Mann Louis bei Laetolil in Tansania. Dort hinterließ ein Dinotherium (Verwandter des Elefanten) vor 3,6 Millionen Jahren seine Trittsiegel. Bei ei-

Üppige Vegetation erstreckt sich am »Green Crater Lake«, unweit des Naivasha-Sees. Der sagenumwobene Vulkankrater liegt auf der Route zwischen Nairobi und Mount Elgon.

Die Elefanten am Mount Elgon decken ihren Salzbedarf in den labyrinthartigen Berghöhlen des Vulkanmassivs.

nem Besuch der Fundstätte erstaunten mich die riesigen Fußabdrücke dieses prähistorischen Vorfahren unseres heutigen Elefanten, die einen Durchmesser von etwa 80 Zentimeter hatten.

Über einen schmalen Pfad ging es immer höher hinein in die Faszination des »tropischen Alpinismus«: tiefrot blühende Fackellilien, meterhohes Heidekraut und kerzenähnliche Straußenfederlobelien mit üppigen Blattrosetten. All das in einer Höhe von etwa 3700 Metern, wo es in den vergleichbaren Hochgebirgsregionen der Alpen nur noch schroffen Fels und ewiges Eis gibt.

Gegen Abend erreichten wir eine hohe, überhängende Felswand, die ich auf mehr als 200 Meter schätzte und die von einer düsteren Wolkendecke umschlossen war. Hier biwakierten wir, um am nächsten Tag den Gipfel zu erklimmen. In der Nacht heulte ein eisiger Sturm um die Felswand, rüttelte mit kräftigen Böen an unserem Biwak. Zudem ergoss sich eine schier endlose Regenflut über den Mount Elgon. Geborgen in meinem Schlafsack fühlte ich mich dennoch glücklich, während die Grenze zwischen Traum und Wirklichkeit verschwamm.

Am nächsten Morgen hatte sich die schauerliche, windumtoste Gipfelszenerie in eine freundlichere, sonnenlichtdurchflutete Kulisse verwandelt. Gleichwohl begann der Tag für mich mit einer Enttäuschung. In der steilen, glitschigen Wand rutschte ich aus, mein rechtes Knie schlug gegen den Felsen. Mit den Fingernägeln krallte ich mich fest und blickte nach oben: vielleicht noch 40 Meter. Aber für mich waren das 40 Meter zuviel. Ich konnte das Knie kaum noch bewegen – und musste zurück. Eine halbe Stunde später erreichte ich, humpelnd und frierend, unseren Lagerplatz. Der Gipfel des Mount Elgon war mittlerweile wieder von treibenden Wolken verdeckt. Doch als die Wolkendecke einmal kurz aufriss, nahm ich zwei kleine, winkende Gestalten wahr: Christopher und Morris hatten es geschafft.

Später berichteten die beiden, was sie da oben gesehen hatten: Unterhalb des Kratergipfels erstreckte sich eine vulkanische Mulde, mit Straußenfederlobelien. In der Mulde befand sich die Quelle des Suam. Von dort floss ein Bach bis zu einer Felskante, von der aus das Wasser in dünnen Kaskaden in die Tiefe stürzte. – Als unbändiger Fluss sucht sich der Suam dann seinen Weg Richtung Norden. 300 Kilometer weiter erreicht er als Turkwel River den Turkana-See, wo die Wiege der Menschheit liegt. Dort lebte vor fünf Millionen Jahren der gemeinsame Vorfahr von Schimpanse und Homo sapiens.

LINKE SEITE: Zu den spektakulärsten Wasserfällen Kenias zählen die hufeisenförmigen »Fourteen Falls« (östlich von Thika) sowie die Kaskaden am Mount Elgon, hinter denen der 50 Meter hohe Schlund der Kitum-Höhle liegt.
OBEN: Erstes Tageslicht vertreibt am Mount Elgon die dichten Nebelschwaden, die in den Tälern des ehemaligen Vulkans wabern.

Linke Seite: Der Aufstieg zum Mount Elgon offenbart einen Einblick in die tropische Pflanzenwelt. Eine abgeschiedene Flora, die, im Kampf um das Überleben, vielfältige Lebensgemeinschaften bildet.

Undurchdringliche Wälder mit verschiedenen Baumarten, die wiederum von zahlreichen anderen Pflanzen besiedelt sind, prägen die Landschaftsszenerie am Mount Elgon.
Die Kitum-Höhle, deren Eingang 50 Meter aufragt, dient zahlreichen Tieren als Unterschlupf. Elefanten, die seit Generationen hier ihre unterirdischen Mineral-Mahlzeiten einnehmen, haben die Höhle buchstäblich in den Berg gefressen.

Am Mount Elgon ist die Natur noch intakt. Büffel versperren zuweilen die Piste, die euphemistisch »Passstraße« genannt wird. Langhaarige Colobusaffen kreischen in den Baumwipfeln, während der Geländewagen durch tiefen Morast schlingert. Und zwischendurch immer wieder stumme Zwiegespräche mit vorbeiziehenden Giraffen.

In den Bergregionen des Nordwesten Kenias liegt die Heimat der Pokot. Charakteristisches Merkmal ihrer Stammeszugehörigkeit ist ein tellerartiger Perlenkranz, der sowohl von den Frauen wie auch von der Kindern um den Hals getragen wird.

Bogen und Pfeile sind oft dabei, wenn ein Pokot im weltentrückten Nordwesten Kenias unterwegs ist. Als Schmuck tragen viele Männer in der Unterlippe einen kleinen Metallpflock oder eine leere Patronenhülse.

Sahara – Kulturschätze im Wüstenlabyrinth

Die Sahara, die größte Wüste der Welt, gilt als eine der lebensfeindlichsten aber faszinierendsten Regionen Afrikas. Zwischen Atlantik und Rotem Meer bedeckt sie eine Fläche von neun Millionen Quadratkilometern – und Jahr für Jahr wächst sie um weitere 20 000 Quadratkilometer. Neben schier grenzenlosen Dünenarealen, unendlichen Geröllebenen und blühenden Oasen, gibt es hier auch schroffe Gebirge mit zerklüfteten Felstürmen, surrealen Blockmeeren und windgeschliffenen Schluchten, in denen sich einzigartige Kunstschätze der Menschheitsgeschichte befinden: Hier, wo Ureinwohner der Sahara auf tausenden von Felsbildern und Felsgravuren ihre faszinierenden Spuren hinterließen, ist man dem Ursprung der Wüstenvölker ganz nahe.

Die Sahara ist nur auf 20 Prozent ihrer Fläche mit Sandmeeren bedeckt. Manche Dünenareale sind gleichwohl größer als die Bundesrepublik Deutschland.

Wie ein Beil zog der Tuareg sein Schwert über den Kopf, ehe die Klinge der Takuba singend durch die Luft schnitt. Dann schlug Klinge auf Klinge, dass die Funken sprühten. Ich zuckte zusammen, blickte in die lauernden Augen des Nomaden, dessen Gesicht vom Tagelmust, dem dunklen Schleier, verhüllt war. Plötzlich nutzte er den Schwung seines Körpers für einen gewaltigen Hieb, dem sein Gegner um Haaresbreite entging. Wieder und wieder klirrten die Takubas gegeneinander, doch der junge Targi parierte Schlag auf Schlag seines Vaters, wobei das Keuchen der Männer das metallische Scheppern der Waffen übertönte.

Dann ein tiefes Luftholen, ein markerschütternder Schrei und eine blitzschnelle Drehung um die eigene Achse, dem ein beidhändig geführter Schlag folgte, dem der Jüngere nicht standhalten konnte. Das Schwert wurde ihm aus der Hand geschleudert, wirbelte durch die Luft und bohrte sich zitternd in den Wüstensand.

Mit untergeschlagenen Beinen saß ich auf einer Palmmatte und schaute einem unblutigen Schaukampf der Tuareg zu, bei dem Vater und Sohn effektvoll die Schwerter kreuzten. Ich befand mich im Inneren der Sahara, von der ich nicht lassen kann, seit ich sie in den siebziger Jahren das erste Mal sah. Noch heute zählt die größte Wüste der Erde zu den faszinierendsten Naturgroßräumen – mit vielfältigen Landschaften und geheimnisumwitterten Kulturschätzen.

Mit neun Millionen Quadratkilometern bedeckt die Sahara eine Fläche von der Ausdehnung Europas. Neben unerbittlicher Hitze herrscht hier eine eisige Kälte. Gleichwohl gilt die Wüste als Heimstatt für allerlei Getier, das sich an das extreme Klima angepasst hat. Überdies gibt es eine abweisende Wüstenflora, die meist aus knorrigen, borstigen und dornigen Sträuchern besteht. Faszinierender Blickfang der Wüste sind vor allem ihre Farben – vom Goldgelb der Sandmeere über das Lindgrün der Oasen bis hin zum Kastanienbraun schroffer Vulkanberge. Wie ein Chamäleon wechselt die Wüste ihre Farbe, je nach Tageszeit und Lichtfülle. Zudem verleiht die extrem trockene Luft allem eine übernatürliche Klarheit. Nachts, wenn die Temperatur rapide sinkt, bündeln sich die Sterne am Himmel zu Kunstwerken: Da die Plejaden, das Siebengestirn, der Sirius, die Kassiopeia, der Große Wagen, der Polarstern. Fixpunkte, an denen sich noch heute die Karawanen durch die Nacht orientieren.

Seit undenklichen Zeiten haben Menschen unterschiedlicher Couleur die Sahara durchquert. Erste Expeditionen unternahmen die alten Ägypter. Drei bis vier Jahrhunderte v. Chr. folgten die Phönizier, die bis zum Westrand der Wüste vordrangen. Im 14. Jahrhundert erkundete dann der große arabische Reisende Ibn-Battuta die Sahara bis zum Niger, ehe im 18. und 19. Jahrhundert – vor allem in England –

Gesellschaften gegründet wurden, in deren Auftrag Forscher in das wüste Unbekannte vordrangen, um weiße Flecken auf der Landkarte zu erforschen. Da war zum Beispiel Friedrich Conrad Hornemann aus Hildesheim, der Theologie, Naturwissenschaften und Arabisch studiert hatte, ehe er im Auftrag der »Gesellschaft zur Förderung der Entdeckung der Inneren Teile Afrikas« (African Association) 1797 von Kairo zum Tschadsee und Niger reiste, wo er 1801 in dem Dorf Bokani starb. Es folgten Joseph Ritchie sowie Capitain Georg Lyon, die die Sahara im Jahre 1819 – von Tripolis nach Tajarhi – durchwanderten. Eine Strecke von rund 2200 km, die nur Lyon überstand. 1822 bewältigten drei Engländer – Major Dixon Denham, Hugh Clapperton und Walter Oudney – die Ost-Sahara bis zum Tschadsee. Als die Forscher auf Überreste einer Sklavenkarawane stießen, notierte Major Denham voller Entsetzen in sein Tagebuch: »Ein faszinierend schönes und zugleich schreckliches Land, das alles Leben vernichtet. Mein Pferd zertrat mit den Hufen schon spröde gewordenes Menschengebein und rollte einen Schädel wie einen Ball vor sich her.« Dann folgte Major Gordon Laing, der 1825 als erster Europäer, – von Tripolis nach Timbuktu reiste, doch auf der Rückreise wurde er getötet. Timbuktu war auch das Ziel des französischen Forschers René Caillié, der zum Islam übergetreten war und 1828 als Araber verkleidet vom Senegal in die Südsahara reiste. Er war der erste Europäer, der nach seiner Rückkehr über das Leben in Timbuktu berichtete: Damals war die sagenumwobene Oase eine prachtvolle Wüstenstadt, die im 11. Jahrhundert von muslimischen Tuareg als Handelsplatz gegründet wurde, ehe sie sich im 15. und 16. Jahrhundert zum Kulturzentrum der islamischen Welt entwickelte.

Im Felsenlabyrinth des Tassili-Gebirges befinden sich steinerne Galerien. Hier malten Künstler vor etwa 6000 Jahren ihre Erlebniswelt auf glatte Sandsteinflächen. Bilder, die langsam verwittern, werden von Prähistorikern wirklichkeitsnah rekonstruiert.

Große Risiken barg die Sahara auch für den deutschen Sprachforscher, Historiker und Geographen Heinrich Barth, der 1845 den gesamten Küstenstreifen Nordafrikas – von Tanger (Marokko) bis Alexandria (Ägypten) – bereiste. Fünf Jahre später wurden Barth und der Naturwissenschaftler Adolf Overweg von der britischen Regierung zu einer wissenschaftlichen Handelsexkursion des Engländers James Richardson eingeladen. Von Tripolis führte ihre Reise über Mursuk und Ghat bis Agadez, wo sich die Expedition teilte. Während Richardson und Overweg in der Wüste den Tod fanden, reiste Barth fast vier Jahre allein durch Afrika. Zwischen Sokoto, Timbuktu, Bornu, Adamua und Bagirmi (nahe dem Tschadsee) legte er rund 16 000 Kilometer zurück, wobei er seine kenntnisreichen Aufzeichnungen mit gewissenhafter Sorgfalt verfaßte, was ihn zum bedeutendsten Afrikaforscher seiner Zeit werden ließ. Im Jahre 1860 unternahm dann der Franzose Henri Duveyrier eine umfangreiche Saharaexpedition; er studierte vor allem die Tuareg-Stämme. Hiernach kam Gerhard Rohlfs, der in Marokko, Algerien, Libyen und Ägypten weite Teile der Sahara erkundete, ehe er 1865 eine Afrikadurchquerung unternahm – von Tripolis über Mursuk bis Lagos am Golf von Guinea. Unvergessen bleiben auch der Franzose Fernand Foureau, der zwischen 1888 und 1896 neun Wüsten-Expeditionen leitete – sowie Gustav Nachtigal, der zwischen 1869 und 1874 bis in das geheimnisumwitterte Tibesti-Gebirge vordrang, ehe er die Gebiete um Kanem, Bardai, Ouadai und Darfur im Sudan erforschte, bevor er über Ägypten zum Mittelmeer gelangte.

Nicht zuletzt waren da noch die Saharareisen von Oskar Lenz, der die Sahara um die Jahrhundertwende vom Hohen Atlas bis nach Timbuktu erforschte (Cailliés Weg in umgekehrter Richtung), und Paul-Xavier Flatters, der vor rund 120 Jahren als Leiter einer französischen Militärexpedition eine Eisenbahnroute durch die algerische Sahara finden sollte (die nie gebaut wurde), wobei er 1881 südlich der Oase Wargla von Turaeg-Kriegern getötet wurde.

IM SÜDLICHEN ALGERIEN liegt das zentralsaharische Tassili-Plateau, das bis zu 2554 Meter aufragt. Felsbilder aus der Jungsteinzeit erzählen hier von den Ursprüngen der Wüstenvölker.

EINE BILDER-GALERIE IN DER SAHARA

Neben den gewohnten Phänomenen der Sahara, den »Großen Ergs« – riesige Sandmeere mit wogenden Dünenketten, die sich vor allem in Algerien und Libyen über hunderte von Kilometern erstrecken, gibt es noch viele andere Natur- und Kulturwunder – versteinerte Meerestiere, Skelette von Sauriern und uralte Artefakte, die Aufschluss über jene Zeit geben, als die Sahara noch ein blühender Garten Eden war.

Zudem ist da das geheimnisvolle Tassili N' Ajjer-Plateau in Südalgerien: ein bis zu 2554 Meter hohes Bergland aus Sandstein. In undenklichen Zeiträumen haben sich hier die einstigen Schlamm- und Sandschichten urzeitlicher Meere zu Sedimentgesteinen verfestigt. Bizarr geformte Felstürme und riesenhafte Gesteinspilze wechseln mit tiefen Canyons und imposanten Inselbergen, die vom Sandstrahlgebläse des konstanten Wüstenwindes aus dem Plateau geschliffen wurden.

Tassili ist ein Begriff aus der Tuareg-Sprache, der die verschiedenen Plateaus bezeichnet, die das Hoggar-Massiv ringförmig umgeben. Das bedeutendste Plateau ist das »Tassili N'Ajjer«, was soviel wie »Hochebene der Flüsse« oder »Hochebene der Steine« bedeutet. Beide Übersetzungen haben ihre Berechtigung: Zum einen war Nordafrika einst von riesigen Meeren bedeckt; abfließende Ströme zerfurchten später die weicheren Gesteinsarten des Plateaus. Zum anderen bietet das Tassili N'Ajjer Steine satt. Jede von der Phantasie ausgedachte Felsfigur ist hier zu finden. Eine Szenerie, die an Dalis surrealistische Landschaften erinnert.

Mit Kupplung und Allradantrieb ist das zentralsaharische Tassili-Gebirge nicht zu erkunden. Nur zu Fuß kann man die 700 Meter Höhendifferenz – über einen von vier Pässen – bewältigen. Mehrere Esel tragen Ausrüstung, Wasser und Lebensmittel; selbst für Kamele ist der Aufstieg zu steil.

Neben Teerstraßen bilden vor allem Sand-, Geröll- und Wellblechpisten das Verkehrsnetz der Sahara. Gleichwohl bleiben immer wieder Fahrzeuge im Sand stecken, weil Sandanwehungen, Querrinnen, Felsbrocken sowie Schlag- und Staublöcher unterschätzt werden. Beschilderungen machen deutlich, dass die Sahara das Reich der Kamele ist.

Durch einen schmalen Spalt machte ich mich an die Besteigung der überdimensionalen Tassili-Gesteinsscholle, die vor Urzeiten von unglaublichen Erdkräften aus der Kruste unseres Planeten emporgehoben wurde und dabei in mehrere Blöcke zerbrach. Über Kugellager aus Steinschotter und windpolierte Felsplatten, die wie Gletscherzungen wirkten, erreichte ich nach mehreren Stunden die Oberfläche des Tassili-Plateaus, wo sich mir das Antlitz eines imaginären Planeten bot. Ringsum nichts als Steine. Ein chaotisches Felsenmeer mit tief eingeschnittenen Tälern. Diese Landschaft wirkte wie die Kulisse einer steinernen Stadt.

Natürlich hatte ich einen einheimischen Führer, einen Tuareg, angeworben, der sich im weglosen Tassili-Gebirge auskannte. Denn wer ohne Ortskenntnis in dieses Gesteinslabyrinth zieht, geht verloren. Zudem gibt der Tassili nur jenen sein Geheimnis preis, die auch wissen, wo die prähistorischen Felszeichnungen früher Afrikaner zu finden sind. Wochenlang wanderte ich durch steinerne Galerien und felsige Arkaden. An versteckten Höhlenmuldungen sah ich unzählige Felsbilder aus der Jungsteinzeit: Kuriose Menschengestalten, Bauern, Krieger und Strichmännchen. Daneben Tiere, Jagdszenen, Tänzer und Negermasken. Erst in den 50er-Jahren hatte eine französische Expedition diese Felszeichnungen entdeckt, die als die schönsten der Sahara gelten – und bis auf 6000 Jahre v. Chr. zurückgehen. Ein einzigartiges Freilichtmuseum unbekannter Künstler, das darauf schließen lässt, dass vor tausenden von Jahren diese Region äußerst fruchtbar war, ehe sich das Klima veränderte und sich Trockenheit ausbreitete.

Darüber hinaus geben die verschiedenartigen Felsbilder des Tassili-Gebirges, die aus natürlichen Erdfarben bestehen - wobei Blut, Milch, Knochenleim und Wachs als Bindemittel benutzt wurden –, auch Auskunft über den möglichen Ursprung der Wüstenvölker. Eine zeitliche Zuordnung der Bilder wurde vor allem durch die Überlagerung von Motiven aus verschiedenen Epochen möglich. Infolgedessen konnte die Wissenschaft viele saharische Darstellungen auf das 6. und 5. Jahrtausend vor unserer Zeitrechnung datieren. Noch älter sind die Menschendarstellungen der sogenannten »Rundkopfepoche«, die im Tassili gefunden wurden. Hierbei handelt es sich um rötlich-braune Figuren – kindlich schlicht dargestellt – mit großem runden Kopf, der einem Astronautenhelm gleicht. Doch nicht Wesen aus dem Weltall standen den Steinzeitmenschen hier Modell. Wissenschaftler vermuten vielmehr, dass es Frühmenschen negrider Abstammung waren, die einst aus den afrikanischen Tropen ins Tassili-Gebiet kamen, wo sie ihre archaische Fresken-Kunst im 8. Jahrtausend vor unserer Zeitrechnung auf die Felswände projizierten. Heute zählen diese prähistorischen Felsbilder zu den größten Kunstschätzen der Menschheit. Eine vorgeschichtliche Kunstgalerie, die noch viel Rätselhaftes birgt.

Kleine Sandrippeln wachsen unter dem Einfluss des Windes zu mächtigen Wanderdünen.

VOM »TOR DES SÜDENS« ZUM »ENDE DER WELT«

Faszinierendes auch auf den bunten Märkten der saharischen Oasenstädte – In Salah, Agadez, El Oued und Kairouan. Vor allem Ghardaia (600 Kilometer südlich von Algier) und seine vier Nachbargemeinden, die auf Hügeln liegen, ist noch immer eine geheimnisvolle Stadt. Inmitten schwarz-grauer Steinwüste erhebt sich ein Hügel mit wirrem Häusergeflecht. Klare, kubische Formen erinnern hier an Mackes Tunesienbilder. Auf dem höchsten Punkt der Erhebung thront eine jahrhundertealte Moschee mit weißem Minarett, dessen vier Spitzen sich in den Himmel recken.

Noch vor 700 Jahren war Ghardaia nichts weiter als eine Dattelpalm-Oase, als Mozabiten, strenggläubige Moslems, die sich auf der Flucht vor religiöser Verfolgung im 13. Jahrhundert hierher zurückzogen und eine Siedlung gründeten.

Und noch heute leben die Mozabiten weiterhin nach ihren strengen Glaubensregeln. Tief verschleierte Frauen entschwinden sofort in einem Labyrinth

Im Süden Algeriens erhebt sich der festungsähnliche Basaltberg Akar-Akar (2111 m). Einer Legende nach gilt dieses Felskastell als Heimstatt des Riesen Akar. Rechte Seite: Aus einer schier grenzenlosen Weite erhebt sich das Tassili N'Ajjer-Gebirge. Ein surreales Sandstein-Massiv mit zerklüfteten Zeugenbergen, verkrusteten Felstürmen und breiten Schluchten, das tausende von Felsbildern und Felsgravuren aus prähistorischer Zeit birgt.

von Gängen und Gassen, wenn ihnen ein Fremder begegnet.

Noch mehr abgeschirmt leben die Menschen in - Beni-Izguen, einer Nachbargemeinde Ghardaias. Eine heilige Stadt, die sich schon seit Jahrhunderten hinter alten Mauern versteckt, deren Tore abends sogar verriegelt werden. Kein Fremder darf hier übernachten; nur mit einem Führer kann die Stadt betreten werden, die nicht nur alt und schön ist, sondern auch für alles Fremde tabu. Gleichwohl gilt Ghardaia sowie seine vier Nachbargemeinden als »Tor zum Süden«. Denn wer in Algerien von Norden über die Fernstraße kommt, für den beginnt hinter der Stadt der Mozabiten das Universum der Dünen und Nomaden, wo noch wundersame Welten aus einer anderen Zeit allgegenwärtig sind. Zu solchen Welten zählt auch die Vulkanschlote-Landschaft des Hoggar-Gebirges in Südalgerien. Ein grandioser Felspark von 300 000 Quadratkilometer. Das größte Bergmassiv der Wüste. Für die blaugewandeten Tuareg gilt diese Region als »Ende der Welt«. Der erste Europäer, der dieses archaische Gebirge der schwarz erodierten Vulkanschlote kennenlernte, war der französische Pater Charles de Foucauld (1858-1916). Er lebte als Eremit und war ein Freund der Tuareg, ehe feindliche Senussi-Krieger (Gegner des Friedens zwischen der französischen Kolonialmacht und den freiheitsliebenden Tuareg) ihn in seinem Fort in Tamanrasset ermordeten.

Hoch auf dem Assekrem-Berg baute Foucauld vor rund 100 Jahren eine kleine Einsiedlerkirche. Ein Ort, den ich nach monatelangem Wüstenmarsch – auf den Spuren von Charles de Foucauld – als Ziel gewählt hatte. Mitten in der Nacht stieg ich auf dem schwarzen Vulkangeröll eines Ziegenpfades, unter Myriaden von Sternen, zum Assekrem-Gipfel (2726 m) hinauf. Beim ersten Lichtschimmer der Sonne überblickte ich eine unvorstellbare Endlosigkeit von versprengten Steinmassen und bizarren Felsformationen, die in ständig wechselnden Farben leuchteten. Grandiose Ödnis total.

Später saß ich – zusammen mit anderen Reisenden – in der zwei mal vier Meter großen Eremitage von Charles de Foucauld auf dem Fußboden. Drei Mönche in weiten weißen Kutten, die hier in steinerner Bergwelt lebten, verlasen in frühchristlicher Einfachheit die Messe, während auf dem aus Granitsteinen gefügten Altartisch ein kleines Feuer der Auferstehung brannte.

Ein allen Religionen begreifliches Zeichen des Glaubens an Licht und Leben.

Das Sandstrahlgebläse des Wüstenwindes zerschleift die Felslandschaft der Sahara. Nur die härtesten Steine widerstehen dem Zerfall und bilden imposante Blockmeere.
Rechte Seite: Verwitterte Felssäulen, die Orgelpfeifen gleichen, bilden den »Iharen«. Ein 100 Meter hoher Basaltkegel, der im südlichen Algerien an der Waschbrettpiste nach Tamanrasset liegt.

Viele Oasen werden vom nachrutschenden Sand bedroht, der vom stetigen Wüstenwind unaufhaltsam angetrieben wird. Tag für Tag erobert die Sahara Regionen zurück, die sie einst besessen hat. **Rechte Seite:** Im Schutz einer Lehmmauer setzen sich Tuareg in der Oasenstadt In Salah zusammen, um zu plaudern. Der Zusammenhalt der Männer ist hier sehr ausgeprägt.

Etwa 600 Kilometer südlich von Algier liegt das geheimnisvolle Ghardaia auf einem dicht bebauten Hügel. Zwischen klaren, kubischen Häuserfronten führen labyrinthartige Gassen zur jahrhundertealten Moschee hinauf, wo ein Minarett mit vier Spitzen thront.
Rechte Seite: Viele Frauen zeigen sich in der Oase Tamanrasset nach wie vor verschleiert.

Der Kamelmarkt von Tamanrasset gilt noch immer als beliebter Treffpunkt, auch wenn Autopisten den traditionellen Karawanenbetrieb stark eingeschränkt haben. Auf den extremen Durststrecken in Mali, Niger, Algerien und Libyen ist das Kamel durch nichts zu ersetzen.

Blick vom Assekrem auf das algerische Hoggar-Gebirge: Windgeschliffene Orgelpfeifen und Stalagmiten aus Fels bilden eine grandiose Kulisse. Der Franzose Charles de Foucauld reiste 1904 erstmals in diese abgelegene Region. Von seiner Einsiedelei schaute er auf die »Zähne«, wie die Tuareg die erstarrten Basaltpfropfen längst abgetragener Vulkane nennen.

Die Urwaldstadt Gedi – Auf dem »Seeweg der Tränen« zum »ostafrikanischen Pompeji«

Noch heute segeln – wie vor 1000 Jahren – die hölzernen Dhauen zwischen Madagaskar, Sansibar und Mombasa. Einst als »Seeweg der Tränen« bekannt, auf dem die Araber neben Gewürzen, Gold und Seide Millionen von Sklaven aus Schwarzafrika transportierten. Dieser Seeweg führte auch nach Gedi: ehemals mächtige und reiche Handelsmetropole der Araber; heute sagenhafte Urwaldstadt und »ostafrikanisches Pompeji«.

Die rätselhafte Urwaldstadt Gedi: Wo sich einst die reiche Handelsmetropole der Araber befand, hat die Natur mittlerweile Häuser- und Palastruinen in Fesseln gelegt.

Fast unmerklich war ich aus dem 21. Jahrhundert gerutscht. Jeder Schritt führte mich durch das Mittelalter. Gassen und Gässchen, lichte Plätze und tausend Erker. Eseltreibende Kinder und Männer, die weiße Gewänder und bunt bestickte Gebetskappen trugen. Verschleierte Frauen in nachtschwarzen Buibuis. Verstohlene Augenpaare, die durch Fenster mit Gitterstäben blickten. Verschwitzte Händler, die lautstark ihre Waren anpriesen. Werkstätten, aus deren Innern ich das Sägen der Tischler hörte, das Hämmern der Schuster, das Rattern der Nähmaschinen. Und von irgendwo rief die Stimme des Muezzin die Gläubigen zum Gebet.

Sansibar. Seit Tagen befand ich mich auf der geheimnisvollsten Insel im Indischen Ozean, die zu Tansania zählt. Und seit Tagen litt ich unter der feuchtschwülen Hitze. Die Luft war mit Gewürzdüften geschwängert. Es roch nach Moder, Müll und Urin. Vom Schweißgeruch angezogen, attackierten mich Moskitos, während ich durch die labyrinthartige »Stone-Town« (Altstadt) von Sansibar-Stadt streifte, die mir wie ein tropisches, heruntergekommenes Märchen von Scheherezade erschien.

Ringsum Wohnhäuser und Paläste, denen man ansah, wieviel Zeit über sie hinweggegangen war. Vor allem Sonne, Wind und Regen hatten hier die Zerstörung der kunstvollen Gebäude bewirkt. Balken aus morschem Mangrovenholz wechselten mit verwahrlosten Einlasstoren und hohen Mauern aus porösem Korallenkalk. Der architektonische Schatz einer einstmals reichen sansibarischen Stadt zerfiel.

Seit vier Wochen war ich im Indischen Ozean unterwegs – und folgte der historischen Handelsroute

der Araber. Ein »Seeweg der Tränen«, auf dem nicht nur Gewürze, Gold und Seide transportiert wurden, sondern auch Millionen von Menschensklaven aus Schwarzafrika. Von Madagaskar wollte ich über Sansibar und Lamu nach Mombasa, um dann im Geländewagen der ostafrikanischen Küste in nördlicher Richtung zu folgen – bis nach Gedi. Eine sagenumwobene Ruinenstadt.

Vom 15. – 17. Jahrhundert galt Gedi als mächtige und wohlhabende Handelsmetropole der Araber, die weitgehende Verbindungen zu Indien, China, Persien und Venedig hatte. Bereits vor unserer Zeitrechnung waren die arabischen Händler auf dem Seeweg aus den Scheichtümern am Roten Meer, des Hadramaut und Oman nach Afrika gelangt, da der Landweg bis ins 19. Jahrhundert hinein verschlossen war.

Wegen des sagenhaften Reichtums wurde Gedi von den Afrikanern ehemals »die Kostbare« genannt. Eine Festungsstadt, überladen mit Gold, Edelsteinen, Elfenbein, Ambra, Gewürzen, Sandelholz und Menschensklaven. Nach ihrer rätselhaften Zerstörung verschwand Gedi jahrhundertelang unter dem grünen Blätterdach des Küstenurwalds und geriet in Vergessenheit. Ein »ostafrikanisches Pompeji«, dass vor kaum 100 Jahren wiederentdeckt wurde – und noch heute viele Rätsel aufgibt.

WEISSE SEGEL UNTERM STERNENZELT

Begonnen hatte meine Reise auf Madagaskar, wo ich in verschiedenen Hafenstädten eine Dhau suchte, die auf der traditionellen Handelsroute der Araber nach Sansibar verkehrte. »Dhau« – das ist ein Suaheli-Wort unbestimmter Herkunft und wird noch heute als Sammelbegriff für die hölzernen Segelschiffe der afrikanisch-arabischen Gewässer verwendet, die sich nur in Typ und Größe voneinander unterscheiden; allen gemeinsam ist das große Trapezsegel.

Schon vor 1000 Jahren sahen die Dhauen ebenso aus wie heute. Ihre charakteristischen Merkmale sind: bauchiger Rumpf, kurzer Kiel, kantiges Heck und ein hoher Schrägmast. Hinzu kommt ein spitz zulaufender Bug, der äußerst stabil gebaut wird, um beim Eintauchen in stürmische Wogen nicht unter dem immensen Wellendruck zu bersten. Fast alle Dhauen verfügen mittlerweile über einen Dieselmotor, wenngleich das riesige »Lateinsegel« – das einem Dreieck ähnelt – als wichtigste Antriebsquelle gilt. Gesteuert werden die hölzernen Ozean-Oldtimer nach Landmarken oder Magnetkompass. Viele Seeleute orientieren sich auch an der Sonne, den Wolken, am Wind und an den Sternen – oder sie bestimmen ihren Kurs nach der Farbe und der Tiefe des Wassers.

In den Häfen Madagaskars war es nicht einfach, eine Dhau-Passage zu bekommen. Überall stieß ich auf Ablehnung. Nur mit größter Mühe gelang es, an Bord einer jener hölzernen Lastensegler zu gehen, die heute Gewürze, Tee, Datteln, Mangrovenstämme oder Trockenfisch über den Indischen Ozean transportieren.

Nach Beginn des Süd-West-Monsuns stach ich in See. Kurs: Sansibar. Eine Strecke von rund 800 Seemeilen. Mein »Fahrgeld« betrug umgerechnet 500 Mark. Kaum war die Dhau unterwegs, da hatte mich die archaische Atmosphäre auf dem nostalgischen Segler gänzlich vereinnahmt. Es war phantastisch, als sich unter dem Befehl von Kapitän Ahmed - Salehlahs das große Segel im Wind prall füllte und die Dhau wie ein Seevogel dahin glitt.

Manchmal lauschte ich stundenlang dem Singen des Windes in der Takelage, dem Rauschen der Bugwelle und dem Ächzen der baumdicken Masten. Irgendwie war es etwas Exotisch-Museales, mit einem Holzschiff unterwegs zu sein, wie es schon vor tausend Jahren im Indischen Ozean gesegelt ist. Auch hatte ich den Eindruck, als wäre seit den Abenteuern von Sindbad dem Seefahrer kein einziger Tag vergangen, als wären die Geschichten aus »Tausendundeiner Nacht« noch immer lebendig. Vor allem die zusammengewürfelte Crew unterschiedlicher Couleur, die Lendentücher, Shorts und Turbane trug, versetzte mich in jene berüchtigte Zeit, in der das trapezartige Dhausegel ein Zeichen des Schreckens war, weil es von Seeräubern und Sklavenhändlern benutzt wurde.

Trotz häufigem Wechsel zwischen sintflutartigen Regengüssen und brennender Sonne hatten wir Glück mit dem Wetter. Das Meer stieg und fiel wie sanftes Atmen. Und die Dhau machte gute Fahrt.

Jeder Morgen an Bord begann mit dem Gebet. Wie in den Tagen des Propheten sang die Crew dann ihr eindringliches »Allahu akbar« (Allah ist groß), wobei sich die Männer nach Norden – gen Mekka – beugten, der heiligsten Stadt des Islam. Manchmal waren die klaren Nächte noch schöner als die azurblauen Tage. Dann lag ich an Deck auf einer Grasmatte und schaute zu den Myriaden von Sternen, die wie Katzenaugen glitzerten. Die Milchstraße war zum Greifen nahe. Und die schwarze Weite des Meeres wurde zu einem Korridor der Zeit, in dem die Jahrhunderte verwehten.

Nie werde ich den vierten Tag dieser Schiffsreise vergessen, als schwere Böen das Schiff attackierten. Heftige Stöße legten den Lastensegler weit auf die Seite. Hoch schwappende Wogen und überbrechende Seen mit grellweißen Schaumkämmen schossen durch die Speigatten. Wie Berserker zog die Crew an Tampen und Schoten, während sie ihre Arbeitsgesänge ohne Unterlass dem Sturm entgegenbrüllte. Stunden, in denen ich das ganze Ausmaß der Strapazen begriff, das die arabisch-afrikanischen Seefahrer und Händler auf ihren hölzernen Dhauen seit alters her durchstehen müssen.

Die ganze Nacht stampfte und rollte die Dhau mit voller Maschinenkraft durch die aufgewühlte See. Erst im Morgengrauen endete der Tanz. Und die Überfahrt wurde ruhiger. Doch als ich nach mehr als zwei Wochen im alten Hafen von Sansibar-Stadt wieder festen Boden unter den Füßen hatte, war mir, als wäre ich ein Jahr auf See gewesen.

TROPENPARADIES SANSIBAR

Seit jeher ist Sansibar Sinnbild des paradiesischen Tropenlandes. Die Entdeckung der Insel geht auf die Bantu zurück; vom Festland kamen sie einst über eine längst versunkene Landverbindung. Später waren es die Sumerer, Assyrer, Ägypter, Phönizier, Chinesen, Araber, Holländer und Briten, die sich alle großen Reichtum durch Gewürze, Gold und Menschensklaven erhofften. Viele haben ihr Leben riskiert, um nach Sansibar zu kommen. Und viele haben es verloren. Sansibar ist ein trügerisches Paradies. Hier wurde ich unwillkürlich an einen Satz des französischen Dichters Mallarmé (1842-1898) erinnert: »Hütet euch vor den Sehnsüchten, die in Erfüllung gehen.«

Mich zog auf Sansibar vor allem das Haus eines guten alten Bekannten an, das östlich der Altstadt steht. Seit Jahren lese ich alles von ihm, was mir in die Hände fällt. Leider habe ich ihn persönlich nie kennen gelernt, denn er ist schon über hundert Jahre tot: der Engländer David Livingstone (1813-1873); Arzt und Missionar. Dreißig Jahre lebte er in Zentralafrika, davon verbrachte er viele Monate auf Sansibar, wo er sich vehement gegen den Sklavenhandel einsetzte. Spuren des einstigen Sklavenhandels gibt es viele auf Sansibar. Zum Beispiel das Haus von Tippu Tip (Hamed bin Muhammed bin Juma bin Rajad el Murjebi), einem der berüchtigsten Sklaven-und Elfenbeinhändler. Auf sein Konto sollen Mitte des 19. Jahrhunderts viele Seeüberfälle und Plünderungen von Handelsschiffen gehen. Nur Europäern gegenüber galt Tippu Tip, der von arabisch-afrikanischer Herkunft war, stets als freundlich und hilfsbereit. In seinem prachtvollen Haus plante er zahlreiche Raubzüge, die ihm ein unglaubliches Vermögen einbrachten, das ihn zu einem der reichsten und mächtigsten Männer in Ost- und Zentralafrika machte.

Nur 150 Meter entfernt, wo heute die »Tumekuja-Schule« steht, befand sich die »Sklavengrube«. Etwas weiter – die 1873 gegründete »Church of Christ Cathedral«, wo der berüchtigte Sklavenmarkt lag und die Menschen aus Schwarzafrika zur profitträchtigen Ware wurden. Noch 1870 zahlte Tippu-Tip für einen jungen Arbeitssklaven im Inneren Afrikas umgerechnet 2,50 Mark. Auf Sansibar kostete dieser bereits 50 Mark – und auf dem Sklavenmarkt des Kalifats wurde er für 100 Mark gehandelt.

Im Kellergewölbe der Kirche zeigte mir ein junger Sansibari finstere Verliese, die so niedrig waren, dass ich mich nicht einmal aufrichten konnte. Hier wurden verschleppte Menschen wie wilde Tiere an Eisenketten gefangen gehalten, ehe sie verkauft wurden, um auf sansibarischen Gewürzplantagen oder in Arabien zu arbeiten. Schließlich spazierte ich zum alten Hafen hinunter, die Seele von Sansibar-Stadt. Dicht beieinander lagen hier traditionelle Dhauen in allen Größen und Formen, um die sich sagenhafte Geschichten ranken, die das Garn bilden, das die afrikanischen Inseln im Indischen Ozean umspannt. Wo ich auch hinschaute, überall herrschte geschäftiges Treiben. Keuchende Träger entluden Schiffsbäuche. Matrosen kletterten in Masten, schrubbten Planken, spleißten durchgescheuerte Tauenden, verknoteten Reepe oder flochten Schiffskörbe. Zwischen Kisten, Bündeln, Ballen und Säcken balancierte ich

Verschwunden ist heute der Glanz von Sansibar-Stadt. Viele Häuser sind vom Zerfall bedroht. Und die Enkel der ehemaligen Sklaven leben in den verwitterten Villen der berüchtigten Menschenjäger.

Viele Seeleute auf einer Dhau können noch heute ihre Position an der Farbe und der Tiefe des Wassers erkennen.

über schmale Laufstege, bis ich eine Dhau fand, auf der ich anderntags erneut in See stach. Es ging nach Mombasa – und dann per Geländewagen 110 Kilometer Richtung Norden zur Urwaldstadt Gedi.

IM DICHTEN GRÜN: DIE RUINENSTADT

Gedi, die einst vom Urwald verschlungene Geisterstadt, erschien mir als ein Ort wilder Schönheit. Spurensuche zwischen Pflanzengetümmel und Treibhausluft. Die Wahrnehmung einstiger Wirklichkeit. Es war noch alles da. Natürlich ruinenhaft: Die drei Meter hohe Ringmauer, die die Stadt umgab; die drei Eingangstore, die den Zugang ermöglichten; die Wohnhäuser (für etwa 3000 Menschen) mit Höfen, Zisternen, Latrinen und Steinkorridoren; ein Statthalterpalast von 1000 Quadratmetern sowie sieben Moscheen und ein ausgeklügeltes Wassersystem. Nur: Im Laufe der Zeit hatten Bäume, Buschwerk und Lianen die ehemals 18 Hektar große Festungstadt in Fesseln gelegt, entschwunden war Gedis einstiger Glanz.

Noch heute ist die Gründung Gedis von Geheimnissen umwittert. Während die meisten ostafrikanischen Küstenstädte spontan wuchsen, wurde in Gedi eine gezielte Raumplanung vorgenommen – mit einem koordinierten Straßensystem. Erste Erbauer sollen Bantu-Völker gewesen sein, ehe arabische Händler mit ihren Dhauen hier landeten und eine Niederlassung gründeten, die rasch zu einer prachtvollen Stadt anwuchs.

Archäologische Funde wie Bronzewerkzeug, chinesische Porzellangefäße, indisches Karneol und Keilinschriften haben mittlerweile bewiesen, dass Gedi bereits in vorchristlicher Zeit als Hafen antiker Seeflotten existierte. Schon die Phönizier und die Ägypter machten auf ihrer Route zu den sagenhaften Gold- und Weihrauchländern Punt, Orphir und Tarschisch hier Zwischenstation. Kurios auch, dass die Portugiesen im 16. Jahrhundert in ihrem kenianischen Stützpunkt Malindi nicht einmal Kenntnis von der Existenz Gedis hatten. Nur 15 Kilometer dichtester Urwald trennte sie von der arabischen Festungsstadt, die durch einen versteckten Zugang zum Meer erreichbar war. So konnte Gedi mehr als 100 Jahre unentdeckt von den Europäern existieren, ehe der kriegerische Stamm der Galla-Oromo, dessen ungezügelter Expansionsdrang eine ständige Bedrohung für die Küstenbevölkerung war, die reiche Dschungelstadt überfiel. Gedis Einwohner wurden vertrieben oder getötet, so dass die reiche Festungsstadt jahrhundertelang hinter dem grünen Vorhang verschwand.

Erst 1884 kämpfte sich der Brite Sir John Kirk mit dem Buschmesser nach Gedi durch, machte erste Fotoaufnahmen und brachte die Rätsel der vergessenen Handelsniederlassung der Araber wieder ans Tageslicht. Seitdem gilt die Ruinenstadt, die 1939 vor dem Einsturz bewahrt und notdürftig restauriert wurde, als »ostafrikanisches Pompeji«: Eine ehemals

»Augen betörende Stadt«, in der »nahezu jedes Haus ein vornehmes Palais« war, schrieb der weit gereiste arabische Geograph Al Isidris im Jahre 1445 in sein Tagebuch. Zu jener Zeit zählte Gedi zum südarabischen Sabäerreich. Handelsbeziehungen zu Ländern aus Übersee führten damals ebenso zu Wohlstand und Macht wie die Gewinnung von Eisen.

Noch heute macht es Gedi nicht leicht, Zugang zu finden. Hier, wo noch verborgene Schätze liegen sollen, waren Myriaden von Moskitos in der Luft. Zudem: Schmetterlingsschwärme, Riesenlandschnecken, Riesentausendfüßler, Riesenameisen. Und in den lianenumschlungenen Baumwipfeln kreischten die Affen. Mehr noch: Wenn ich bei Sonnenuntergang den Ausgang suchte, wurde zuweilen jeder Pfad zur Sackgasse. Dann stolperte ich über armdicke Luftwurzeln und grüne Fallstricke. Augenblicke, in denen ich nur noch wucherndes Immergrün sah, das uraltes Menschenwerk umschlang. Baumwurzeln zerstörten Palastwände. Schlingpflanzen hielten Torbögen und Säulen im Würgegriff, krochen durch Fensteröffnungen, kletterten über Treppenaufgänge und altersschwache Steinmauern. Alles grün, grün, grün. Natur im Rohzustand – aufdringlich, feindlich, chaotisch. Eine suptropische Pflanzenwelt, die kein Mittelmaß kennt.

Ein Ort, der Körper und Seele spaltet. Heute wie vor tausend Jahren versucht der Mensch sich hier zum Herren über die Natur zu machen. Doch nie ist es ihm gelungen.

Mit der Abenddämmerung ziehen die Dhauen zum Fischfang hinaus aufs Meer.

Die Insel Lamu – vor der Küste Kenias – zählte einst zu den wichtigen Stützpunkten der Araber im Indischen Ozean.
Rechte Seite: Im alten Hafen von Sansibar-Stadt liegen die nostalgischen Dhauen dicht beieinander.

KINDER KOMMEN BEIM SPIELEN mit selbstgebauten Dhau-Modellen den Geheimnissen des Windes auf die Spur.
RECHTE SEITE: Seit Jahrhunderten segeln Händler und Fischer mit einer Dhau im Indischen Ozean. Manchmal werden Seile und Leinen nicht nur mit den Händen gehalten, sondern auch mit den Zehen.

Im Osten von Sansibar gibt es Strände wie aus »Robinson Crusoe«, während sich im Inselinneren üppige Palmenwälder ausdehnen.

LAMU CASTLE

Auf den exotischen Inselwelten im Indischen Ozean (hier Lamu), sind die Märkte Treffpunkt arabischer und afrikanischer Kultur. **Sansibar-Stadt** wirkt wie ein tropisches Märchen von Scheherezade, wenngleich Sonne, Wind und starke Regenfälle die Zerstörung der kunstvollen Gebäude bewirken.

Sansibaris feilschen im Hafen um vielerlei Waren, während reparaturbedürftige Dhauen auf dem Trockenen liegen. Bis heute haben sich Zimmerleute auf Lamu und Sansibar die Kunst des traditionellen Schiffshandwerks bewahrt. Einst galt das gewaltige Lateinersegel im Indischen Ozean als Zeichen des Schreckens, das von arabischen Seeräubern und Sklavenhändlern genutzt wurde.

In der Abenddämmerung wirken die nostalgischen Dhauen vor Sansibars Küste wie Relikte uralter Seefahrt.

Unweit der legendären Urwaldstadt Gedi, südlich von Malindi, liegt die Marafa-Senke. Ein farbenprächtiges Sandsteingebirge, das durch Wind und Regen zu einer grandiosen Canyonwelt erodiert ist. Der Legende nach soll der Teufel diese Region geschaffen und bemalt haben, ehe sie mit dem Namen »Hell's Kitchen« (Höllenküche) belegt wurde. Einheimische nennen diesen imposanten Naturraum zudem »Nyari« - »der Ort, der sich selbst zerstört hat«.

Jahrhundertelang verschwand Gedi, die sagenumwobene Handelsmetropole der Araber, unter dem grünen Blätterdach des Küstenurwaldes. Ein »ostafrikanisches Pompeji«, das erst vor kaum 100 Jahren wiederentdeckt wurde – und noch immer Rätsel aufgibt.

Im 15. Jahrhundert war nahezu jedes Haus in der heutigen Urwaldstadt Gedi ein vornehmes Palais. Mittlerweile überwuchern mächtige Luftwurzeln die Stadtmauern – und eine üppige Pflanzenwelt hat die Ruinenstadt in einen verwunschenen Garten verwandelt.

Sinai-Gebirge – Auf den Spuren von Moses

Vor 3200 Jahren zog das Volk Israels – auf der Flucht vor den ägyptischen Verfolgern – durch die unwegsame Ödnis und stieg die Berge des Sinai hinauf. Eine 40jährige Odyssee ins Gelobte Land, auf der Gott seinen Bund mit den Menschen schloss. Am »Dschebel Musa«, dem Berg Sinai, der 2285 Meter in die Höhe ragt, wurde der Grundstein dreier Religionen gelegt: Christentum, Judentum und Islam basieren auf den Zehn Geboten, die Moses von Gott empfing. – Noch heute gilt die Bergwildnis des Sinai als herausfordernde und erschreckende Leere. Eine Landschaft wie am ersten Schöpfungstag, die als »heiliges Land« (2. Mose 3,5) und Schauplatz einzigartiger Gottesoffenbarung gilt.

Unwirtliche Gebirgszüge, fast bar jeglicher Vegetation, prägen das Zentralmassiv im Süden der Sinai-Halbinsel.

Deutlich konnte ich sie im Sand erkennen: die Fährten von Eseln, Ziegen und Kamelen, die sich zu einer scheinbar endlosen Kette aneinanderreihten und nach Südosten führten, zur Oase Feiran, die zwischen hohen Bergrücken lag. Kein Zweifel, das waren Spurenbündel einer Beduinen-Familie, die mit ihrem Hab und Gut durch die wüste Weite zog. Auf der Suche nach neuen Weideplätzen und Wasserstellen sind die nomadisierenden Beduinen viele Monate im Jahr auf der Sinai-Halbinsel unterwegs. Das Dasein der Nomaden wird durch das Klima bestimmt. Um hier leben zu können, muß man »Bedu« sein. Die Wüste duldet nur Nomaden, ihr Vieh, sonst nichts. So war es schon vor tausenden von Jahren, als Moses mit dem unterdrückten Volk Israels Ägypten verließ, um quer durch die Einöde ins Gelobte Land Kanaan zu ziehen. Seitdem ist der Sinai unlösbar mit der Religionsgeschichte verbunden. Doch wo liegt die Route des Moses? Auf welchem Weg führte der einzige Prophet der Bibel, der Gott geschaut hat, die Hebräer 40 Jahre lang durch die Wüste? Tatsache ist, dass die Wissenschaft noch immer nicht weiß, auf welcher Fluchtroute Moses seine Anvertrauten durch die Ödnis geleitete. Noch immer ist die Deutung der Exodus-Legende eine Herausforderung für Bibelforscher, Historiker und Archäologen. Vermutungen gibt es genug. Doch historisch belegte Beweise konnten bislang über die Lokalisation der Wüstenroute nicht erbracht werden, wenngleich die biblische Beschreibung der hebräischen Odyssee auf zwei Strecken passt: Die eine Route führt am Mittelmeer entlang, verbindet Ägypten mit Palästina über eine uralte Heerstraße. Diese »Nordroute« führt über die am Mittelmeer gelegene Bardawil-See, die der Beschreibung des »Schilfmeers« entsprechen könnte,

das Moses einst für die Hebräer teilte, um dem pharaonischen Heer zu entkommen. Darüber hinaus gibt es noch eine »Südroute«, für die es in der Bibel eine solche Fülle von Hinweisen gibt, dass es nahe liegend erscheint, dass die Hebräer diesen Weg wählten. Eine Strecke, die wahrscheinlich östlich der Großen Bitterseen verlief, am Ostufer des Golfs von Suez entlang, durch das Zentralmassiv des südlichen Sinai – bis hin zum Dschebel Musa (2285 m), dem Berg der Gesetzgebung. Von dort zogen die Hebräer in nördlicher Richtung zum heutigen Eilat, querten die Negev Wüste – und gelangten in das verheißene Land Kanaan. Der Ausgangspunkt beider Fluchtrouten soll im östlichen Nildelta liegen, bei dem altägyptischen »Piramesse«, der einstigen »Stadt des Ramses«, deren umstrittene Lage mittlerweile eindeutig beim heutigen Qantir bestimmt wurde.

Für viele »Wunder«, die dem Volk Israels auf ihrem Wüstenmarsch begegneten, wurden mittlerweile überzeugende Deutungen gefunden: Für das Moses zugeschriebene »Wunder«, die Wasser des »Schilfmeers« geteilt zu haben, in dem die Ägypter dann ertranken, könnte ein plötzlicher Sturzbach verantwortlich sein, der durch einen Canyon rauschte, als sich ein Teil des pharaonischen Heeres dort aufhielt; die vom Himmel fallenden Wachteln, könnten entkräftete Zugvögel gewesen sein; das den Boden bedeckende »Manna, das die hungrigen Israeliten sättigte«, wurde dem Sekret einer Schildlaus zugeschrieben, die im Sinai auf der Tamariske siedelt – und das »Wunder«, das Gott durch Moses bewirkte, als er Wasser aus dem Gestein schlug, erklärt sich damit, dass viele Quellen im Sinai in versteckten Felshöhlen liegen.

Das Alte Testament, in dem alles steht, was wir von Moses wissen, berichtet zudem über die Zahl der Hebräer, die Ägypten einst bei Nacht und Nebel verließen: 600 000 Menschen sollen es gewesen sein. Bibelforscher glauben allerdings, dass diese Zahl mythisch überhöht ist. Vermutlich waren es nicht mehr als einige tausend, denn zu keiner Zeit hätte die Sinai-Halbinsel eine Menschenmasse von hunderttausenden ernähren können. Allein durch Wasser- und Nahrungsmangel wäre das »auserwählte Volk« umgekommen.

Gleichwohl ist der Exodus-Bericht weder reine Erfindung noch realistischer Tatsachenbericht. Historiker vermuten vielmehr, dass die fünf Bücher

ÜBER KANTIGE FELSBUCKEL geht es zum Gipfelplateau des 2285 Meter hohen »Mosesberges«, den die Araber »Dschebel Musa« nennen.

DIE MORGENDÄMMERUNG präsentiert sich hier in vielfältigen Farben.

Mose eine Zusammenfassung von Geschichten darstellen, welche die Stämme Palästinas über Jahrhunderte mündlich weitergegeben haben.

Außerdem weiß man heute, dass der Prophet Moses die nach ihm benannten »Mose-Bücher« nicht selbst geschrieben hat, wie bis zur Zeit der Aufklärung angenommen wurde. Statt dessen waren es jüdische Priester, die im fünften Jahrhundert v. Chr. das Alte Testament schriftlich fixierten – also erst 800 Jahre nachdem Moses das Volk der Israeliten durch die Wüste Sinai geführt hatte.

Neben der Bibel gibt es für die reale Existenz der Israeliten nur eine einzige zeitgenössische Quelle: Auf einem Gedenkstein des Pharaos Merenptah wird der Name Israel erwähnt, ein in Palästina lebender Stamm. Diese Stele wurde auf 1208 v. Chr. datiert, so dass man davon ausgehen kann, dass die Odyssee der Hebräer vor diesem Datum stattfand.

Noch heute müssten die Landschaften des Sinai denen gleichen, die die Hebräer vor 3200 Jahren in dieser Region antrafen. Rau, felsig und unfruchtbar zeigt sich die Erde hier in ihrem Urzustand. Ein weltentlegener Naturgroßraum von gewaltiger Dimension – mit bizarren Gebirgszügen, zerborstenen Hochplateaus und windmodellierten Sanddünen. Eingekeilt zwischen den Kontinenten Afrika und Asien, gleicht die Sinai-Halbinsel aus der Luft einem riesigen Dreieck, das einst zu Israel zählte und heute zu Ägypten gehört. Gleichwohl scheint die menschenfeindliche Einöde nicht richtig Teil eines Landes zu sein. Irgendwie schwebt sie zwischen dem Wollen der Menschen – und ist, bedingt durch die Überlieferungen der Bibel, dem Himmel näher als der Erde.

Besonders abweisend erscheint das Zentralmassiv des Sinai, das im südlichen Teil der Halbinsel von Nordwesten nach Südosten verläuft und doppelt so lang wie breit ist. Ein archaisches Felsgewoge aus Granit, Gneis, Porphyr, Syenit und Sandstein, das wie die Kulisse eines fremdartigen Planeten wirkt. In unvorstellbaren Zeiträumen haben hier die Elemente phantastische Gebirge modelliert. Die höchsten Erhebungen sind der »Serbal« (2070 m), der »Ras Es-Safsaf« (2054 m), der »Dschebel Musa« (2285 m) und der »Dschebel Katharin« (2642 m).

Schon seit Jahrtausenden erinnert die Wüste Sinai an den Erdtrabanten. Aus diesem Grund gaben die Chaldäer ihr den Namen »Sin«, was soviel wie »Mond« bedeutet. Später, zwischen den Jahren 3000 bis 1100 v. Chr., nannten die Ägypter den Sinai »Ta-Su« – »trockenes Land«. Und sogar der Apollo-

Astronaut Neil Armstrong, der erste Mensch auf dem Mond, meinte anlässlich einer Reise auf der 62 000 Quadratkilometer großen Halbinsel: »Ich will verdammt sein, wenn das hier nicht genauso aussieht wie da oben.«

Wer dem geschichtlichen Ablauf der Sinai-Wüste nachspüren will, wird sich zwangsläufig die Frage nach den ersten Bewohnern stellen. Vermutlich waren es Nomaden, die lange vor der ersten Dynastie der Ägypter über die karge Halbinsel zogen. Auf altägyptischen Bildinschriften werden diese frühen Sinai-Nomaden als »Herren des Sandes« bezeichnet; ein Volk, das sich den extremen Klimabedingungen der Wüste angepasst hatte.

Die Lebensbedingungen der heutigen Beduinen im Sinai, von denen es noch etwa 70 000 gibt, haben sich gegenüber früher kaum verändert. Noch immer leben die »Bedus« in einer festgefügten Schutzgemeinschaft, die sich in mehrere Familienclans aufteilt. Nur der Stammherr, der Scheich, entscheidet über den Wechsel von Weideplätzen und über Zusammenschlüsse mit Nachbarstämmen. Zudem ist er verpflichtet, das heilige Gastrecht auszuüben, das eine besondere Tugend der Beduinen ist: denn wenn Allah einen hoch geschätzten Gast gesandt hat, dann gilt es auch, dessen Leben zu schützen, und für dessen Wohlbefinden – mit Speisen und Getränken – zu sorgen.

Auch die Kleidung der Beduinenfrau ist nach wie vor ein Indiz dafür, wie fest die Wüstenbewohner in alten Traditionen verwurzelt sind: faszinierender Blickfang ist das schwarze Gewand, das den Körper unförmig umhüllt, der lange Kopfschleier – sowie das rote Gesichtstuch, mit aufgenähten Pailletten, das Nase und Mund verbirgt.

Von der Gipfelkapelle des Dschebel Musa ist die Fernsicht grandios. Bei klarer Sicht reicht sie im Osten über den Golf von Aqaba bis nach Saudi-Arabien.

Viele Monate im Jahr sind die Beduinen als Nomaden unterwegs, weil die vorherrschenden klimatischen Bedingungen die lebensnotwendige Nahrungs- und Wasserversorgung der Viehherden äußerst schwierig machen. Naturverbunden und genügsam führen sie ein bescheidenes Leben. Hin und wieder zieht ein »Bedu« allein in die Wüste hinaus, um mit seinem Kamel die unermesslichen Weiten zu durchstreifen. Auf solchen »Ausflügen« nimmt ein Wüstennomade kaum mehr als fünfzehn Teile mit: einen Sattel, Kochutensilien, Streichhölzer, Sandalen, eine warme Decke, Djellaba (lockerer Wüstenmantel), Kufia (Kopftuch), etwas Tabak oder Zigaretten, eine dicke Jacke, ein Messer, einige Vorräte und Zeltplanen. Nicht zu vergessen: die Gerba oder einen Plastikkanister – für das Trinkwasser. Wie wenig der Mensch doch zum Leben braucht.

WO DER PULS DER NATUR ANDERS SCHLÄGT

Schon viele Male durchquerte ich die Sinai-Halbinsel und jedes Mal fühlte ich mich in eine längst vergangene Zeit versetzt. Es war, als würde ich mich mitten in der Welt des Alten Testaments befinden. Sinai, das war für mich nicht nur die Begegnung mit einer mondähnlichen Szenerie, die durch vielgestaltige Landschaften ihre Faszination gewinnt; Sinai, das war für mich auch das Hinabtauchen in die Geschichte, die Ahnung des Heiligen und das Überschreiten einer inneren Grenze, um den Schöpfungstagen, dem Himmel und Gott nahe zu sein. – Darüber hinaus waren Atem und Pulsschlag der Natur völlig anders im Sinai; sogar die Sonne schien hier ein anderes Licht zu weben. Manchmal war es, als würden Felsformationen, Pilgerpfade, Begräbnisstätten oder Kapellen magisch-mystische Kräfte von außergewöhnlicher Intensität ausstrahlen. In solchen Momenten ließ ich die Spiritualität der biblischen Stätten auf mich einwirken und war offen für die Verbindung zwischen Natur und Geist. Augenblicke, in denen ich begriff, dass an bestimmten Orten (nicht nur im Sinai) etwas Besonderes vorhanden ist. Etwas, das unsere Vorfahren als »Genius loci« bezeichneten, den »Geist eines Ortes«.

ZEITSPRUNG INS LAND DER BIBEL

Zurückversetzt in der Zeit, wanderte ich zu Fuß – einige Dromedare im Schlepptau – hunderte von Kilometern durch die Sinai-Wüste. Meist war ich schon vor Sonnenaufgang unterwegs. Dann war es noch angenehm kühl. Keine 10 Grad. Erst wenn die Temperatur auf über 20 Grad anstieg, kletterte ich in den Sattel und schaukelte aus einer Aussichtshöhe von fast zwei Metern über Geröllschutt und Sandflächen, während das »Wüstenschiff«, dieser abgegriffene Vergleich, zur deutlich spürbaren, bald in jeder Bandscheibe schmerzenden Realität wurde. Manchmal ging es von einer Felsarena zur nächsten, von einer Wasserstelle zur anderen. Dann erlebte ich Millionen Jahre alte Ufergestade, an denen mannigfaltige Versteinerungen von Meeresablagerungen zu finden waren – sowie märchenhafte Felslabyrinthe und spektakuläre Bergszenerien, in denen es mir leicht fiel, die Gestalt von Sauriern, Dämonen oder Geistern zu sehen. Zudem waren die Gebirgszüge mit unterschiedlichen Gesteinsfarben durchzogen: rosiger Felsspat wechselte mit olivgrünem Granit und schwarzbraunem Diorit; dazwischen leuchteten Strukturen in Manganbraun und Schwefelgelb. Nicht zu vergessen die blauschwarzen Basaltbänder, die vor Millionen von Jahren entstanden. Damals brach der Graben des Roten Meeres ein, flüssiges Magma drängte aus vulkanischer Tiefe durch die Erdrisse und das Felsgewoge färbte sich mit dunklen Streifen. Eine naturgeformte Kunstgalerie der Schöpfungstage – abweisend, überwältigend, zeitlos.

Gleichwohl dürfte Moses vor mehr als dreitausend Jahren kaum Sinn für die Schönheiten der Wüste gehabt haben; ihn bewegten ganz andere Dinge, als er das Volk Israels von Ägypten nach Kanaan führte. Doch auf welcher Route? Auf welchem Weg geleitete Moses die Hebräer durch die Wüste? Ich entschied mich für die sogenannte »Südroute«, die die Mehrzahl der Experten für historisch möglich halten. Hier traf ich häufig auf Fußabdrücke von Menschen und Tieren, die mir wie die sinnfälligen Trittsiegel der einstigen Hebräer erschienen. Und als ich – mit einem beduinischen Gefährten – das Wadi-el-Moghara erreichte, wo schon der Pharao Snefu – tausendsiebenhundert Jahre vor Moses – nach begehrten Türkisen schürfen ließ, fiel es mir schwer zu glauben, ich hätte keinen Zeitsprung getan. Ebenso historisch bedeutsam war das »Tal der Inschriften«, das die Beduinen Wadi Mukatab nennen. An den Felsrändern dieses bis zu zweitausend Meter breiten Tals offenbarten sich vielfältige Zeugnisse der Vergangenheit: Inschriften in Aramäisch, Kufisch und Nabatäisch – sowie zahlreiche Felsbilder, die Menschen und Tiere aus einer Epoche zeigten, als die Oasen des Sinai sehr viel fruchtbarer waren als heute.

Anderntags die Ebene von Raha. Ein breiter, mit Sand gefüllter Talgrund, wo einst das Volk der Israeliten auf die Rückkehr ihres anerkannten Führers Moses vom Berg Horeb gewartet hatten. Im Rhythmus wiegender Schritte ritt ich über den biblischen Boden – bis die Berge dicht zusammenrückten: Vor mir lag nun das eigentliche Zentralmassiv des Sinai, wo sich Felszyklopen und Dome aus Gneis, Granit und Porphyr in den Himmel reckten. Neben dem Dschebel Katharin, dem höchsten Berg der Sinai-Halbinsel, wurde ich vor allem vom Mosesberg angezogen, den die Araber Dschebel Musa nennen. Völlig klar: da musste ich rauf!

Doch zuvor wollte ich im Wadi-el-Dair am Fuße des Mosesberges das Kloster St. Katharina besuchen, das seit vierzehnhundert Jahren von griechisch-orthodoxen Mönchen bewohnt ist, die in klösterlicher Zurückgezogenheit ein weltabgewandtes Leben führen. Eingeklemmt zwischen 600 Meter hohen Felswänden gilt dieser Hort des Glaubens als ältestes christliches Kloster und kleinste Diözese der Welt. Bereits im 6. Jahrhundert wurde das Kloster, das 1500 Meter über dem Meeresspiegel liegt, von den Baumeistern des römischen Kaisers Justinian (482-

Im Osten der Sinai-Halbinsel, wo die steinerne Ödnis in Sandwüste übergeht, erstreckt sich der Golf von Aqaba. Am gegenüberliegenden Ufer erheben sich die Berge von Saudi-Arabien und Jordanien.

565) errichtet – und später als Trutzburg ausgebaut, die die Mönche vor Überfällen kriegerischer Beduinen schützen sollte. Im Inneren des Klosters befinden sich jahrhundertealte Kulturschätze: Ikonen, Fresken, Mosaike, Schnitzereien sowie Kerzenleuchter, Kreuze und Kelche aus Edelmetall. Zudem beherbergt die christliche Festung die größte und älteste Bibliothek der griechisch-orthodoxen Kirche, die an Wichtigkeit nur der des Vatikans nachsteht.

Noch heute leben mehr als 20 griechisch-orthodoxe Mönche, die einen autonomen Status genießen, in dem Orden. Bis zu 400 sollen es im ausgehenden Mittelalter gewesen sein. Ihre Gebeine und Schädel werden seit 1300 Jahren im sogenannten Beinhaus aufbewahrt, denn der Erdboden im Wadi-el-Dair ist zu felsig, um tiefe Gräber auszuheben.

Hinter dem Kloster, das nach der Märtyrerin Katharina von Alexandria benannt ist, die wegen ihres Bekennens zum christlichen Glauben im 4. Jahrhundert gerädert und geköpft wurde, beginnt der Pfad hinauf zum Dschebel Musa, von dessen 2285 Meter hohem Gipfel Gott zu Moses gesprochen und die Zehn Gebote verkündet haben soll. Der nächtliche Aufstieg unter dem tiefdunklen Himmel mit seinen Myriaden von Sternen ist mühsam.Leicht fröstelnd stand ich schließlich auf dem Gipfelplateau und richtete erwartungsvoll den Blick nach Osten.. Kurz darauf entfaltete sich das Licht der aufgehenden Sonne. Übergipfelnde Bergkuppen leuchteten in prachtvollen Farben – von Blassgelb bis Glutrot.
Hier also war es? Hier soll jener dreitausendjährige Dialog zwischen Gott und Moses begonnen haben, der die ganze Welt veränderte? Augenblicke, in denen sich unvermittelt alle Zweifel verflüchtigten und der Dschebel Musa zu einer Art Symbol wurde für das Bündnis zwischen Mensch und Gott.

An der Wasserstelle von Ain-Khudra (Grünes Auge) bilden zahlreiche Palmen eine kleine Oase.
Rechte Seite: Andernorts – zwischen schroffen Schluchten und ausgetrockneten Flussläufen – gibt nur wenig Buschwerk den Hinweis auf eine Quelle.

Ein Kameltrek durch die Felswüste des Sinai führt in biblische Zeit zurück. Je mehr man in die steinige Unendlichkeit eintaucht, desto schwieriger wird es, die gewaltigen Eindrücke der unwirklichen und erhabenen Bergszenerien zu verkraften.

Im Zentral-Sinai leben die Beduinen noch wie in biblischen Zeiten. Frauen tragen in den Dörfern nur Schwarz. Man wohnt in Zelten oder in Behausungen aus Holz und Wellblech. Per Kamel wandern die Bedus oft wochenlang – auf der Suche nach neuen Weideplätzen und Wasserstellen – durch die wüste Weite. Bei einer längeren Rast gibt es heißen, süßen Tee und Fladenbrot. Bösartige Kamelbullen werden mit dicken Stricken zuweilen gefesselt.

Im Wadi Nafach bemalte der belgische Künstler Jean Verame – anlässlich des Camp-David-Friedensabkommens – zahlreiche Felshügel und Gesteinsblöcke mit blauer Farbe.

SINAI STAR CAFETERIA

AGADER

An der Oase von Ain-Khudra erinnern leer stehende Behausungen, die aus unbehauenen Steinen errichtet wurden, an frühzeitliche Unterkünfte. Andernorts, wie zum Beispiel in Abu Zenima, einem kleinen Ort am Golf von Suez, leben die Bewohner des Sinai in bunten Hütten aus Stein, Holz und Wellblech.

Zwischen 600 Meter hohen Granitwänden liegt das Katharinenkloster. Ein Hort christlichen Glaubens. Hier soll Moses seinen Gott in einem brennenden Dornbusch gesehen haben. Im angrenzenden Klostergarten, der von Zypressen umgeben ist, blühen Wein, Orangen- und Zitronenbäume.

Morgendämmerung am Dschebel Musa. Auf den formenreichen Bergrücken des Sinai entfaltet sich ein prachtvolles Farbenspiel.

Das Licht der aufgehenden Sonne färbt das Bergwüstenpanorama um den 2285 Meter hohen Dschebel Musa. Vor mehr als 3000 Jahren soll Jahwe hier Moses die Zehn Gebote in die Steintafeln geschrieben haben.

Nil, Niger und Turkana-See – Flussfahrt durch das Tagebuch der Erdgeschichte

Die großen Ströme und Seen Afrikas verschließen noch heute ihre Geheimnisse hinter Regenwäldern, Wüsten und Gebirgen. Vor allem die unberechenbaren Gewässer – Nil, Niger und Turkana-See, die im Herzen des Schwarzen Kontinents liegen, sind von einer rätselhaften Legende umwoben: in grauer Vorzeit sollen sie miteinander verbunden gewesen sein; ein gewaltiges zusammenhängendes Wassersystem, das sich einst über den halben Kontinent ausdehnte. Anerkannte Wissenschaftler haben dem wahren Kern dieser Legende nachgespürt.

Am »Débo-See« weitet sich der Niger, der mächtigste Strom Westafrikas, zum Binnenmeer.

Mit der Dämmerung kam der Wind. Er kam aus Norden, wühlte die Wasserfläche des Turkana-Sees auf und peitschte lange Streifen weißen Schaums über die Ufer. Beiderseits des Sees, wo sich gewaltige Ödnis ausbreitete, wirbelten graugelbe Sandteppiche über den Wüstenboden. Binnen weniger Minuten sah ich nur noch Sand, hörte nur noch Sand, schmeckte nur noch Sand. Es war, als ob eine riesige Windmaschine in Bewegung gekommen war, die eine gigantische Sandwolke vor sich hertrieb. Sandsturm!
Aufgrund der Monsunwinde, die aus den nördlichen Bereichen des Indischen Ozeans einfallen, kommt es im Norden Kenias schon seit Urzeiten zu orkanartigen Stürmen. Von den ostafrikanischen Äquatorgebieten angesogen, werden diese Winde zwischen das äthiopische und kenianische Hochland gedrängt. In der Öffnung dieses natürlichen Windkanals liegt der Turkana-See, der infolgedessen zu einem der windigsten Orte der Erde zählt.

Kurz bevor der Sandsturm mir vollständig die Sicht nahm, flüchtete ich ins Zelt, das zwischen kantigen Felsblöcken verankert war. Wenig später versank die Welt in einem wogenden Sandmeer, das sich die ganze Nacht wie ein aufgewühlter Ozean gebärdete. Erst am anderen Morgen ließ der Sturm nach. Erstes Sonnenlicht offenbarte eine Szenerie, die sich ins Unwirkliche steigerte: eine schwarze Gesteinstrümmerlandschaft wechselte mit plangehobelten Sandebenen, aus denen grüne Palmenwedel und glatt geschliffene Felsbrocken aufragten – mittendrin ein blau schimmernder See. Seit Wochen war ich in einem der entlegensten Winkel Ostafrikas unterwegs. Im wilden Norden Kenias. Hier lag – in wüstenhafter Weite – der Turkana-See, der auf alten Karten noch Rudolf-See heißt. Ein rund 300 Kilo-

meter langes und bis zu 45 Kilometer breites Gewässer. Der größte See im ostafrikanischen Grabenbruch, der von bizarren Kraterhügeln und erstarrten Lavakulissen umgeben ist. »Eine echte Hölle«, wußten schon die Österreicher Graf Samuel Teleki von Szék und Ludwig von Höhnel vor rund hundert Jahren zu berichten, als sie als erste Weiße die Wüsten Nordkenias durchquerten und auf den unwirtlichen See stießen, der je nach Sonnenstand in den verschiedensten Türkisnuancen schimmert. Damals erhielt das Gewässer den Namen »Rudolf-See« – nach dem österreichischen Kronprinzen in Wien. Erst nach der Unabhängigkeit im Jahre 1963 änderte die Regierung den Namen und benannte den See nach dem Nomadenvolk der Turkana, das an seinem Westufer lebt.

Noch heute birgt dieses Gewässer viele Geheimnisse: So soll der See in grauer Vorzeit mit den großen afrikanischen Strömen Nil und Niger verbunden gewesen sein. Es heißt, das sich einst ein gewaltiges zusammenhängendes Wassersystem über den halben afrikanischen Kontinent ausdehnte. Die Dimensionen sind gigantisch: Während sich der Riesenstrom Nil gut 500 Kilometer nordwestlich vom Turkana-See durch den Sudan schlängelt, mündet der Niger rund 3500 Kilometer westlich in Nigeria ins Meer. Doch die meisten geophysikalischen Messdaten sowie geologische und tektonische Strukturen, die sich zwischen den verschiedenartigen Regionen der drei Gewässer analog fortsetzen, sprechen für die Theorie eines ehemals zusammenhängenden Aquasystems.

Seit ich von dieser legendären Hypothese hörte, die inzwischen bei anerkannten Wissenschaftlern – nach umfangreichen Untersuchungen – zum glaubhaften und wirklichkeitsnahen Faktum geworden ist, träumte ich davon, die drei geheimnisumwitterten Gewässer zu bereisen. So kam es, dass ich mir die Aufgabe stellte, den Naturwundern von Nil, Niger und Turkana-See nachzuspüren.

In mehreren Etappen, verteilt auf drei Jahre, reiste ich auf den unberechenbaren Fluten der letzten unberührten Regionen Afrikas. Es waren Reisen voller Exotik, die mich auch in die Vergangenheit der Erdgeschichte führten. Immer wieder traf ich in den Regionen der Flussufer auf fossilienreiche Sedimentschichten, die zuweilen einem illustrierten erdgeschichtlichen Tagebuch gleichen, in denen die Millionen Jahre alten Zeugnisse afrikanischer Geschichte allgegenwärtig sind.

DER NIL – MIT DEM SCHIFF ZU DEN PHARAONEN

Meine »Drei-Gewässer-Tour« begann am Nil. Araber nennen diesen längsten Strom der Erde (6671 Kilometer) »Nahr er-Nil«, denn schon zur Zeit der Pharaonen galt er als »Vater aller Dinge«. Seinem Leben spendenden Überfluss entsprang die älteste Hochkultur der Welt. Gleichwohl flammten jahrtausendelang stets dann Verteilungskämpfe zwischen den Stämmen auf, wenn der Wasserspiegel des Nils sank und die Erträge der Ackerflächen geringer wurden. So kam es, dass der 111 Meter hohe und fast vier Kilometer lange Assuan-Staudamm (Einweihung 1971) gebaut wurde. Ein Garant für immer fließendes Wasser.

Für die Eingeborenen im Herzen Afrikas kommt der Nil dagegen aus den »Mondbergen«, denn für sie sind die verschneiten Gipfel des Ruwenzori-Gebirges so weiß wie das Gestirn der Nacht. Aus einer Höhe von über 5000 Metern fließen zahllose Bäche zum Viktoria-See. Als Hauptquelle des mächtigen Stroms gilt daher der Kagera, der über die Murchison-Fälle in den Albert-See stürzt. Bei Juba verläßt der Albert-Nil das Hochland und trifft als Bahr-Al-Gabal in ein Papyrussumpfgebiet ein, das er als »Weißer Nil« wieder verlässt.

Bei Khartoum, der Hauptstadt des Sudan, vereinigt sich der Weiße Nil mit dem Blauen Nil, der aus der äthiopischen Hochebene kommt. Anschließend fließt »der Nil« durch die Nubische Wüste, quert Ägypten und mündet nördlich von Kairo in unzähligen Kanälen ins Mittelmeer. Khartoum war auch der Ausgangspunkt meiner Nilreise, die mich –zusammen mit meinem sudanesischen Freund Morgani – bis nach Kairo führen sollte. Bequem war es ja nicht gerade in einem 5,20 Meter langen und 80 Zentimeter breiten Faltboot. Gleichwohl wurde die Fahrt auf dem großen Fluss zu einem Sinnengenuss – bis der Nil mit ganzer Kraft zupackte und es in die wasserschäumende Schlucht von Sabaloga ging. Ein zehn Kilometer langer Felsschlund, dessen Basaltwände nahezu 150 Meter aufragen.

Dann beschrieb der Nil – auf seinem Zug durch die Nubische Wüste – ein riesiges umgekehrtes S. In karger Wüstenlandschaft trafen wir auf die windzernagten Grabruinen von Meroé. Wie Geistersilhouetten ragten Pyramiden in Zehnergruppen aus lavaähnlichen Schlacken, die aus den längst erkalteten Öfen ehemaliger Eisenerzgießer stammten. Zwischen 300 v. Chr. – 350 n. Chr. wurden hier die Könige des Äthiopischen Reiches bestattet.

Am 5. Nil-Katarakt musste der Nil durch hunderte von Inseln und Felsblöcken. Störrische Fluten wechselten hier mit tückischen Felsparcours. Strudel und Stromschnellen zuhauf. Plötzlich schlug das Boot gegen einen Felsen. Holz krachte, dann schwammen wir auch schon im Wasser, klammerten uns an das kieloben treibende Kajak. Am Ufer die traurige Bestandsaufnahme: Viel Proviant und Gerät hatte der Fluss mitgerissen. Das Faltboot war nach 600 Flusskilometern ein Wrack. Doch am schlimmsten war Morganis Verletzung. An der Hand klaffte eine tiefe Schnittwunde, die ich notdürftig versorgte. Eine Weiterfahrt war unmöglich. Nur mit dem Nötigsten ausgerüstet machten wir uns zu Fuß auf den Weg nach Abu Hamed, einem kleinen Ort, wo

Morgani ärztliche Versorgung erhielt, ehe er in sein Dorf am oberen Nil zurückkehrte.

Für mich ging es per Lkw nach Wadi Halfa. Das nördlichste Dorf im Sudan. Eine Ansammlung von flachen Adobehäusern und Lagerschuppen in nackter Wüste. Von hier aus fuhr ich mit drei uralten Schiffen – je eins an Back- und Steuerbord, in der Mitte das Dampf- sowie Transportschiff für Autos und Fracht mit Maschinenraum – über den Lake Nasser. Jenen fünfhundert Kilometer langen und bis zu zwanzig Kilometer breiten See, der vom Assuan-Damm aufgestaut wird. In den sechziger Jahren versanken hier viele Zeugen ägyptischer und nubischer Kultur. Andere Tempel – Wadi es-Sebuah, Amada, Philae und Kalabscha – wurden vor den steigenden Fluten des Nasser-Stausees gerettet. Stein für Stein wurden sie abgetragen und unter dem Protektorat der Unesco wieder aufgebaut. So erging es auch dem mehr als 3000 Jahre alten Bauwerk von Abu Simbel: Steinmassen von 20 000 Tonnen Gewicht wurden bewegt, um die zwanzig Meter hohen Sitzfiguren des Pharao Ramses II. 180 Meter landeinwärts zu versetzen.

In Assuan bestieg ich dann eine jener Feluken mit hochragendem Dreiecksegel, deren Form sich seit mindestens fünftausend Jahren kaum verändert hat.

Leben in Mali. Am Ufer des Niger wohnen die Bozo-Fischer in Rundhütten. Sie begnügen sich mit den natürlichen Gaben des Flusses.

Fast ohne Übergang tauchte ich nun ein in eine Welt, die sich nur sachte verändert hatte seit den Zeiten der Pharaonen. Wie ein Film zog die ägyptische Landschaft vorbei: rötlichbraune Hügel, ausgedehnte Sandmeere, beschilfte Uferböschungen und leuchtend goldene Kornfelder; dazwischen üppige Palmenwälder, Dörfer aus kubischen Lehmbauten – und natürlich immer wieder winkende Kinder sowie schlanke, hochwüchsige Nubierinnen, in der schwarzen Tracht der verheirateten Frau. Schließlich führte mich der Fluss zu den Tempeln von Abydos, Dendera, Karnak und Luxor. Staunend stand ich vor jahrtausendealten Säulen, Kapitellen, Pfeilern, Obelisken und überdimensionalen Hallen, in denen eindrucksvolle Flachreliefs von religiösen Riten oder den Verdiensten der Pharaonen berichten. Vor allem die Tempel von Luxor zogen mich in Bann. Es ist das »hunderttorige Theben«, wie Homer es genannt hat. Eine Anlage, die dem Gott Amun geweiht war, dem Gott des ägyptischen Reichs und Spender allen Lebens.

Nach fast 3000 Kilometern auf dem Strom blieben die kahlen Weiten der Wüste zurück. Das Land wurde eben und vor allem grün. Es ging nach Kairo. Eine Achtzehn-Millionen-Stadt, die dem Chaos gebietet, während die Pyramiden am Westufer des Nils – Gräber der ägyptischen Gottkönige Cheops und Chephren – nach fast fünftausend Jahren ihrer Entstehung noch immer von Geheimnissen umwittert sind. Weiter nördlich dehnt sich das Delta des Nil: einer der größten Gemüsegärten der Welt öffnet sich.

DER NIGER – »FLUSS DER SCHWARZEN«

Über den Lauf des Niger, dem wohl geheimnisvollsten Fluss Schwarzafrikas, zerbrachen sich Gelehrte und Abenteurer jahrhundertelang den Kopf, denn das Wissen über den Schwarzen Kontinent beschränkte sich seit dem Altertum nur auf den nördlichen Teil. Zum Süden hin waren die Kenntnisse nicht ausreichend genug, um sich ein vollständiges Bild von Afrika zu machen.

Erst mit dem Beginn des 18. Jahrhunderts wurde in Europa bekannt, dass es an der afrikanischen Westküste zwei westwärts fließende Ströme mit Namen Gambia und Senegal gab. Zudem hörte man von einem westafrikanischen Strom, der von Norden her kam und sich bis zum Golf von Guinea erstrecken sollte. Sein Name war allerdings unbekannt, so dass er »Fluss der Schwarzen« (Niger) genannt wurde.

Fünf Jahre nachdem in London 1788 die »African Association« (Afrikanische Gesellschaft) gegründet wurde, trat ein vierundzwanzigjähriger schottischer Arzt namens Mungo Park in die Dienste dieser Gesellschaft, der sich sogleich daran machte, den Mythos des Niger zu enträtseln. Im Mai 1795 reiste der junge Arzt nach Westafrika, lernte am Gambia monatelang »Mandingo«, die Sprache der Einheimischen, ehe er Ende Juli 1796 – in der Nähe der Stadt Segou zum »Fluss der Schwarzen« gelangte. Hundertsechzig Kilometer folgte er dem Niger stromabwärts, wobei ihm die Regenzeit größte Schwierigkeiten bereitete. In seinem Tagebuch schrieb er: »...am 5. August... war das Land so überschwemmt, dass ich oft in Gefahr geriet, den Weg zu verlieren und in den Savannen ganze Meilen weit bis an die Knie im Wasser waten musste. Selbst das Kornland, das in dieser Gegend immer das trockenste ist, war so vom Wasser durchweicht, dass mein Pferd zweimal im tiefen Schlamm stecken blieb und nur mit der größten Mühe herausgezogen werden konnte.«

Als Mungo Park schließlich auch noch von Banditen überfallen wurde, die ihm Waffen und Kleider raubten, trennten ihn achthundert Kilometer von der nächsten europäischen Niederlassung. Trotz Krankheit, Hunger und Durst schlug er sich durch die Wildnis – und erreichte im Juni 1797 die Handelsstation Gambia. Wieder in England, nach neunzehn Monaten in Afrika, veröffentlichte er einen Reisebericht, in dem er u.a. Vermutungen über den Lauf des Niger anstellte. Er glaubte, dass der größte westafrikanische Strom – nach vielen Umwegen – als Kongo in den Atlantischen Ozean mündete. Um für diese Theorie die nötigen Beweise zu erbringen, startete Mungo Park 1805 zu einer zweiten Afrika-Expedition, die von dreißig europäischen Soldaten begleitet wurde. Wiederum geriet er in die Regenzeit. Es gab Überschwemmungen und Wirbelstürme. Das ganze Land verwandelte sich in einen Sumpf. Und als das Fieber um sich griff, musste Park viele Leute zurücklassen.

Endlich – am 19. August 1805 stieß der Schotte bei Segou erneut auf den Niger, doch nur noch sechs Soldaten waren bei ihm. Mitte November schickte Mungo Park einen Farbigen nach Gambia, der in einem ausgehöhlten Stab einige Schriftrollen mit Berichten der Expedition überbrachte. In einem Brief an seine Freunde schrieb Park: »Nun überlasse ich mich der Strömung in dem festen Entschluss, die Mündung des Stromes zu entdecken oder bei diesem Unternehmen umzukommen. Wenn ich das Ziel der Reise nicht erreiche, so soll der Niger mein Grab werden...« Dies waren die letzten Zeilen des schottischen Entdeckers. Denn niemals kehrte Mungo Park nach England zurück. Er blieb im Schwarzen Kontinent verschollen.

Bald zweihundert Jahre nach Mungo Park war es schon eine seltsame Sache, mit einem Schiff auf dem Niger durch die Wüste zu fahren. Ich war auf einer einbaumähnlichen Piroge im westafrikanischen Staat Mali unterwegs, wo die Schiffe noch immer ein Abbild jener 15-20 Meter langen Holzpinassen sind, die schon vor 600 Jahren auf dem Niger verkehrten. Bug und Heck dieser Schiffe werden meist getrennt gefertigt, ehe man sie zusammenfügt und die Fugen mit feuchtem Sackleinen, Teer und Schmieröl abdichtet. Früher verwendeten die Malinesen dazu das Mehl der Affenbrotfrucht. Für den Antrieb sorgen große Rahsegel, lange Stakstangen oder (neuerdings) ein kräftiger Motor.

Der Niger – schon das Wort schmeckt nach Geheimnis, Gefahr und Abenteuer. Von der Quelle bis zur Mündung trägt er viele Namen: In Guinea, wo der große Strom als Bächlein beginnt, wird er »Tembiko« oder »Rohrpalmenfluss« genannt. Weiter flussabwärts heißt er »Issa Beri«, »Debbo«, »Dscholiba«, »Kwarra« oder »Ghirnigheren« (Fluß der Schwarzen). Bei vielen Einheimischen gilt er auch als »Fluss der Trauer, Fluss der Hoffnung« – ein Wasser wälzender Urstrom, der den Bergen Guineas entspringt, in einem weiten Bogen durch die südliche Sahara fließt und nach etwa 4200 Kilometern im Süden Nigerias das Meer erreicht.

Von Bamako, der Hauptstadt Malis, folgte ich dem Lauf des Niger bis zum Mündungsdelta. Viele Staaten durchfließt der Riesenstrom und viele Stämme leben an seinen Ufern: Bambara, Fulbe, Senoufo, Bozo, Malinke, Sonrhai, Tuareg und Djerma. Vor allem die Dogon hatten es mir angetan. Ein geheimnisvolles Volk, das etwa zweihundert Kilometer östlich des Niger lebt, im Bergland von Bandiagara. Es heißt, die Dogon (ein Bauernvolk, das nur noch 200 000 Menschen zählt) stammen von dem rätselhaften Volk der Garamanten ab, die einst im Gebiet des heutigen Libyen lebten. Zudem sollen sie nicht nur im Blut, sondern auch im Wissen den alten Ägyptern verbunden sein, die – ebenso wie die Dogon – über außergewöhnliche astronomische Kenntnisse verfügten. Seit alters her kennen sie den Saturn-

DIE »IMURRAN«, DIE KRIEGER DER SAMBURU, frisieren sich einander stundenlang die Haare, die sie zu kunstvollen Zöpfen flechten und mit einer Mischung aus Ocker und Tierfett einschmieren. Ein angesehener Krieger muss bei den Samburu »Furcht erregend schön« sein.

ring, die vier Jupitermonde, die Oberflächenmaterie des Erdmondes und den für das menschliche Auge unsichtbaren Stern Sirius B, Begleiter des Sirius (Hundsstern), der 8,7 Lichtjahre von der Erde entfernt ist. Bis heute weiß die Altertumswissenschaft nicht, woher diese spezifischen Kenntnisse der Himmelskunde stammen. Waren es mystische Trancereisen der Dogon-Häuptlinge, unter dem Einfluss von Drogen, die zu Wanderungen des Geistes und zu Kontakten mit höheren Mächten führten? Stammt das astronomische Wissen vielleicht von Wesen aus dem Weltraum, die den Vorfahren der Dogon einst begegneten? Oder war die Quelle des mythologischen Wissens – so geben es die Dogon selbst an – der Schöpfergott »Nommo«, der ehemals aus den Wolken herabgestiegen war? – Klarsichtige Erklärungen gibt es bislang nicht. Nach wie vor liegen Mythologie und Wissen der Dogon in jenem Dunkel, in dem sich geheimnisvolle Spekulationen bilden.

Wieder auf dem Niger erfuhr ich, wie eng Freude und Enttäuschung auf diesem Fluss zusammenliegen: Bei Mondschein-Idylle beobachtete ich eine Herde Flusspferde, die sich kraftstrotzend im Uferschlamm wälzten. Zwei Stunden später zerstörte ein tropisches Unwetter das Bild. Blitze zuckten wie glühende Schwerter. Im Nu wandelte sich die ausgedörrte Erde in eine Schlammlandschaft. Land unter in der Südsahara.

Genauso erging es mir mit den Einheimischen. Meist traf ich heitere und gastfreundliche Menschen voller Hilfsbereitschaft, wenngleich Mali zu den ärmsten Ländern der Erde zählt. Hier herrscht vielerorts nicht nur die Armut, sondern auch Krankheiten wie Malaria, Gelbsucht, Polio und Bilharziose.

Der Niger...»Fluss der Trauer, Fluss der Hoffnung«. Als ich das weitverzweigte Delta erreichte, blies mir in Burutu, dem Meerhafen des Niger, ein kühler Wind von der offenen See entgegen. Auf dem Strom, der mit Öl und Benzin geschwängert war, trieb dicker Schaum, der wie schmutziger Schnee aussah. Zwischen hohen Mangrovenwurzeln stank es nach Jauche. Industrieabfälle verunreinigten das Wasser.

»Fluss der Trauer, Fluss der Hoffnung«. Hier, im Mündungsdelta, wo sich der Niger mit dem Himmel und dem Ozean vereint, wird der Strom seinem

Im Sudan verzaubert das Licht der Abendsonne die Fluten des Nil. Eine Brücke über den breiten Fluss verbindet hier Khartoum, die Hauptstadt des Sudan, mit Omdurman. Dort erinnert die mit einer silbernen Spitzkugel gekrönte Grabmoschee des »Mahdi« an den Glaubenskrieg von 1883/84. Damals erhob sich Mohammed Ahmed, genannt der »Mahdi« (Gesandter des Propheten) als Wüstenmessias. Er wollte die arabischen Stammesangehörigen zu Allah zurückführen und alle Ungläubigen in einem heiligen Krieg vernichten. In Ägypten – zwischen Assuan und der Sphinx von Kairo – verkehren seit tausenden von Jahren Feluken mit hoch aufragendem Spitzsegel.

zweideutigen Namen mehr als gerecht. Wie alle großen Flüsse der Erde muss der Niger unter dem Menschen am meisten leiden.

IM TURKANALAND

Noch heute gilt die nördliche Hälfte Kenias als eine der unbekanntesten Gegenden Afrikas. Dort liegt lang gestreckt, bis an die Grenzen des Sudans und Äthiopiens heranreichend, der erst 1888 vom ungarisch-österreichischen Grafen Teleki entdeckte Turkana-See. Dieses weltentlegene Gewässer, schwärmerisch auch »Jade-Meer« genannt, bietet einen gewaltigen Reichtum an Fischen und Vögeln. Zudem sind die Krokodile, die Flusspferde und vor allem die mächtigen Nilbarsche Beweis dafür, dass der Turkana-See einst mit dem Nil verbunden war. Selbst die Fauna rund um das lang gestreckte Binnengewässer, die mit derjenigen des Nils übereinstimmt, belegt den Zusammenhang eines großen Aquasystems. Darüber hinaus haben Geologen mittlerweile eine 170 Meter über dem heutigen Seespiegel liegende Uferlinie entdeckt, die ebenfalls Zeugnis dafür ist, dass im Pleistozän ein sehr viel größerer Turkana-See durch den Sobat-Fluss zum Nil hin abfloß – der wiederum eine Verbindung zum Niger hatte. Heute verfügt der Turkana-See, nach seinem einstigen Absinken, über keinen Abfluss. Stattdessen wird er vom wasserreichen Omo-River gespeist, der aus dem äthiopischen Hochland kommt – und auch die kenianischen Flüsse Kerio und Turkwel führen dem See im Süden zeitweilig Wasser zu. Umrahmt von Palmen und Gebirgszügen aus schwarzem und rotem Gestein, die sich hinter den flachen Ufern der tiefblauen Wasserfläche erheben, ist der Turkana-See 15mal größer als der Bodensee. Bedingt durch die gelegentlich aktiven Vulkane am Südende des Sees, ist das Wasser stark salzhaltig und kaum genießbar.

Rund um den See lebt ein buntes Völkergemisch, das sich Tradition und Ursprünglichkeit weitgehend bewahrt hat. Da gibt es die Merille, Gabbra, Rendille, Luo, Samburu – und vor allem die Turkana, nach denen sogar eine ganze Gegend im Westen des Gewässers benannt wurde. Auf einem Gebiet von der Größe Bayerns leben heute 150 000 Menschen im »Turkanaland«.

Wenn die Sonne über dem Nil im Zenit steht, ziehen sich die Kinder in den Schatten einiger Bäume zurück.

Die Turkana waren es auch, die nichts von der Übernahme europäischer Zivilisation hielten. So kam es im Norden Kenias häufig zu Überfällen auf Durchreisende, bis diese Region zum Sperrgebiet für ausländische Besucher erklärt wurde. Als fremdartig und abweisend gelten die Turkana noch heute. Allein durch ihre Körpergröße unterscheiden sie sich schon von den übrigen Kenianern. In rote, braune oder schwarze Tücher gekleidet, erkennt man sie zudem am fast glatt geschorenen Kopf, auf dem, als Krönung, nur ein paar geflochtene Haarbüschel prangen. Zuweilen tragen die Männer auch Frisuren aus gebackenem Lehm mit Straußenfedernverzierung. Fast immer haben sie einen mehrbeinigen, kaum zwanzig Zentimeter hohen Holzschemel bei sich, der nachts als Nackenstütze zur Schonung ihrer ungewöhnlichen Lehmfrisur dient und den sie »Ekitscholón« nennen. Faszinierender Blickfang der Frauen ist ihr bunter Perlenschmuck. Oft tragen sie Dutzende von Ketten um den Hals.

Mehr als drei Monate »wanderte« ich im Faltboot auf schimmerndem Wasser rund um den Turkana-See. Über eine Strecke von rund 500 Kilometern folgte ich den apokalyptischen Dalí-Landschaften der Uferregionen, ehe ich das Ziel meiner Reise erreichte: eine wilde Örtlichkeit namens Koobi Fora, am Ostufer des Sees. Eine bizarre Halbinsel, die von ausgedörrter Sandsteinlandschaft geprägt war. Hier, wo einst üppige Wälder wuchsen, legten Archäologen in Sedimentablagerungen nicht nur die fossilen Überreste eines 1,5 Millionen Jahre alten Ur-Elefanten frei, sondern auch Schädel- und Skeletteile von Frühmenschen. Manche Ausgrabungsstücke wurden auf dreieinhalb bis vier Millionen Jahre datiert; sie betreffen vor allem den »Australopithecus afarensis«, den frühesten anerkannten Hominiden. Als spektakulärster Fund gilt der Schädel eines über zwei Millionen Jahre alten »Homo habilis«, der unseren direkten Vorfahren darstellt.

Für Prähistoriker sind die gut erhaltenen Fossilien rund um den Turkana-See sogar beredtes Zeugnis eines ehemals fruchtbaren Landes, das vielleicht sogar die »Wiege der Menschheit« war …

Segelnd durch die Wüste: Im Norden von Mali, wo der Niger öde Steppenregionen und wüste Weiten durchfließt, die nur gelegentlich von Akazien- oder Palmenwäldchen unterbrochen sind, gelten die Pinassen der Malinesen als wichtigstes Transportmittel.

Auf den Gewässern der letzten unberührten Regionen zwischen Nil und Niger zeigt Afrika seine vielfältigen Gesichter: Braune Fluten zwängen sich durch steil aufragende Felswände oder toben zwischen kantigen Gesteinsblöcken. Eine Flussfahrt ist beschauliches Idyll zwischen Urwald und gleißender Abendsonne, aber auch wilder Ritt auf ungestümen Wassermassen.

Die Giraffen sind Vegetarier und Wiederkäuer. Am häufigsten fressen sie Akazienblätter. Meist sind sie in wandernden Äs-Vereinen unterwegs. Zu einzelnen Tieren, die eigene Wege gehen, gesellen sich rasch andere hinzu. Auf dem Niger transportieren die Malinesen ihre Waren mit Pirogen und Pinassen, die noch heute ein Abbild jener Boote sind, die vor hunderten von Jahren in Westafrika gebaut wurden.

Am Abend taucht die Sonne die sonst so raue Landschaft des Turkana-Sees in romantisches Licht. Tagsüber tragen die Frauen stattliche Holzbündel und handgeschnitzte Gefäße mit Wasser nach Hause. Gern schmücken sich die Turkana-Schönheiten mit Halsketten. Manche sind aus den schwarzen Samen »enus« gefertigt, andere aus der Wurzel »ekeriau«. Ihr Duft soll Gefahr abwenden.

In Ostafrika tragen die Kinder der Samburu und Turkana bunte Perlenschnüre um den Hals, die, zur Erhaltung der Farben, gelegentlich mit ranzigem Fett und Urin eingerieben werden.

Im Norden Kenias leben die Turkana. Sie gaben dem ehemaligen Rudolf-See (heute Turkana-See) seinen Namen. Die Hütten dieses Stammes, der um 1850 aus dem östlichen Sudan kam, bestehen aus einem Skelett geflochtener Palmenzweige, die mit Sträuchern und Ästen zu einem kuppelartigen Bau verflochten werden. Im Inneren hängen Trink- und Essgefäße an den Wänden. Aus Astgabeln schnitzen die Frauen den »Ekitscholón«, ein kleiner Schemel, der den Männern als Stuhl oder Kopfstütze dient.

PUNT – AUF DER SUCHE NACH DEM RÄTSELHAFTEN GOLDLAND DER PHARAONEN

Simbabwes vielfältige Landschaftsszenerien bergen einzigartige Kulturschätze, die Einblicke in die historische Vergangenheit bieten: Vor allem im Süden des Landes befinden sich gigantisch übereinander getürmte Granitblöcke, auf denen die Reste einer Festungsanlage zu finden sind. Der Legende nach soll dort das Zentrum des Landes Punt gelegen haben, das legendäre Goldland der Pharaonen, zu dem ägyptische Expeditionen bereits vor 3500 Jahren reisten, um Gold für den Hof der ägyptischen Könige zu beschaffen. Lag dort auch die einstige Residenz der Königin von Saba?

INMITTEN EXOTISCHER KANDELABER-KAKTEEN stehen die Überreste von »Great-Simbabwe«. Eine geheimnisvolle Ruinenanlage, die sich über 40 Hektar erstreckt. Lag hier das legendäre Goldland der Pharaonen?

Gebannt starrte und staunte ich: Welch seltsame Symbolik! Eine riesige Wolke, die einem dreieckigen Lateinsegel glich, driftete im letzten Dämmerlicht über die gigantische Tempelanlage von »Der el-bahari« – am Oberlauf des Nil. Vielleicht segelte sie nach Osten, zum Roten Meer, wo vor bald 3500 Jahren eine ägyptische Flotte im Auftrag der Pharaonin Hatschepsut ins legendäre Goldland Punt aufbrach. Herrliche Reliefs und Fresken berichten im Grabtempel von »Der el-Bahari« über diese phantastische Expedition.

Um ein Verlangen zu befriedigen, das ich mir selbst nicht erklären konnte, hatte ich beschlossen, einer uralten Route zu folgen, die einst ins sagenhafte Land Punt führte, von wo die ägyptischen Pharaonen ihre unermesslichen Goldschätze bezogen. Mein Ziel lag weit im Süden des Schwarzen Kontinents. In Simbabwe. Dort erstrecken sich mehr als hundert Ruinen altertümlicher Steinbauten mit Hügelfestung und elliptischer Tempelanlage. Die Vorstellung, dass Forscher dort das geheimnisumwitterte Punt vermuteten, war für mich Motivation genug, um mit Feluken, Dhauen, Kamelen und Geländewagen der vermeintlich historischen Route der antiken Puntfahrten zu folgen. Eine Strecke von etwa 7000 Kilometern: Vom Roten Meer zur Ostspitze Afrikas – und weiter nach Süden, bis zum heutigen Simbabwe.

Punt. Seit undenklichen Zeiten ist dieser Name Legende. Ein magisch-mystisches Land, über dessen geographische Lage weder alte Wandbilder noch Hieroglyphentexte Auskunft geben. Viele Menschen haben dieser viel umfabelten Stätte in Südarabien, Indien, Japan und Ceylon nachgespürt. Vor allem aber wurde das Goldland der Pharaonen in Simbabwe vermutet – bei einer rätselhaften Festungsanlage,

inmitten ehemaliger Goldminen. Eingeborene nannten diesen Ort einst »Simbáoé« (später Simbabwe), was soviel wie »Steinhäuser« bedeutet.

HATSCHEPSUT – ÄGYPTENS ERSTE PHARAONIN

Mit einer Feluke setzte ich von Luxor zum Westufer des Nils hinüber, wo der Totentempel von »Der el-bahari« liegt. Schon immer war der Westen in Ägypten vergleichbar mit der Mahnung an die ewige Bedrohung durch den Tod. Im Westen, wo sich das Sandmeer der Wüste ausdehnt, lag auch – in der Mythologie der Ägypter – das Herrschaftsgebiet des Seth – Gott des Bösen.

Auf dem Weg ins Felstal von »Der el-bahari« musste ich an zwei Sitzriesen vorbei, die der Verherrlichung des Pharao Amenophis III. dienten. Wie riesige Wächter hockten die beiden Steinkolosse (17,9 Meter hoch) in der wüstenhaften Landschaft. Es war, als würden sie das Tal der Könige beschützen, wo – im Auftrag der Pharaonen – bis zu 200 Meter lange und 100 Meter tiefe Stollensysteme in die 300 Meter hohen Felswände getrieben wurden. Viele ägyptische Herrscher fanden hier ihre letzte Ruhestätte. Nicht zuletzt die berühmten Könige Tut-ench-Amon, Ramses II., Sethos I., Amenophis II., Thutmosis III. und Merenptah.

Dann der Terrassentempel von »Der el-bahari«, der vor der steilen Felswand eines schrundigen Bergrückens aufragt. Hier bestattete die Pharaonin Hatschepsut (1511-1480 v. Chr.) ihren Vater Thutmosis I. – später diente die Anlage auch ihr selbst als Grabstätte.

Zweifellos gilt die ägyptische Königin Hatschepsut als erste bedeutende Frau der Weltgeschichte: Geboren als Tochter des Pharao Thutmosis I., unter dessen Herrschaft Ägypten zur führenden Großmacht aufstieg, wurde sie bereits mit fünfzehn Jahren die Gemahlin von Thutmosis II., der – durch seine Kriegszüge – zu einem der frühesten Weltenherrscher wurde. Nach seinem Tod riss Hatschepsut die Fäden des ägyptischen Staatsapparates an sich. Sie verdrängte den noch minderjährigen Sohn Thutmosis III. (der aus einer Verbindung zwischen Thutmosis II. und dessen Nebenfrau Isis hervorgegangen war) und übernahm die Regierungsgewalt von Ober- und Unterägypten. Während ihrer mehr als zwanzigjährigen Alleinherrschaft setzte sie sich stets für Frieden und Handel ein. Nur gelegentlich kam es zu Feldzügen. So erwarb sie sich die Zuneigung ihres Volkes, bis Thutmosis III. – der sich um die Regentschaft betrogen fühlte – die Pharaonin vom Thron stürzte – und vermutlich auch ermordete.

EXPEDITIONEN INS GOLDLAND

Über rampenartige Aufgänge und lang gestreckte Säulenhöfe gelangte ich in das Innere des Pantheon von »Der el-bahari«. Mein größtes Augenmerk galt der Punthalle. Hier hatten Hofberichterstatter eine detailreiche Szenenfolge der bedeutendsten aller ägyptischen Expeditionen dargestellt, die um das Jahr 1493 v. Chr. im Auftrag der Königin Hatschepsut in das geheimnisvolle Land Punt führte. Liebevoll gestaltete Wandbilder sowie Hieroglyphen porträtieren die Erlebnisse dieser ehemals so gefahrvollen Unternehmung – und bezeugen, dass es schon seit mehr als 5000 Jahren Segel- und Ruderboote mit breiten Rahsegeln in Ägypten gab, die in das Land Punt reisten. Fünf Schiffe sollen es damals gewesen sein, so überliefern es die Wandbilder: Zuerst liefen sie in Kopos leer aus, dann luden sie im fernen Punt exotische Waren, ehe die reiche Fracht an den Hof der Herrin vom Nil gebracht wurde. Da es in jenen Tagen keine ägyptische Expedition von vergleichbarem Ausmaß gab, wurde die Rückkehr der Hatschepsut-Flotte, die unter der Leitung eines gewissen Nehsi stand, vom Volk begeistert gefeiert. Sogar die Pharaonin selbst empfing die kühnen Seeleute in ihrem Palast, wo Nehsi und seine Männer die exotischen Waren zu Füßen der Königin ausbreiteten: Gold, Silber, Ebenholz, Elfenbein sowie Paviane und Panther. Zudem hatten die Punt-Schiffe auch Myrrebäume nach Theben gebracht, die es in Ägypten nicht gab. 31 Stück ließ die Königin Hatschepsut auf die gestuften Terrassen des »Der el-bahri-Tempels« pflanzen, des Grabmals ihres Vaters. »Schaut nur«, soll sie gerufen haben, »ich habe ihm ein Punt in seinem Garten geschaffen, groß genug, um darin herumzuwandern.«

Für das Volk der Ägypter galt Punt einst als ihr Ursprungsland. Die Pharaonen glaubten, dass Punt die Heimat ihrer frühesten Vorfahren war, aus dem auch ihre Götter kamen. Ein Land, das weit weg lag und nur unter größten Risiken zu erreichen war.

IM GIGANTISCHEN GRABTEMPEL von »Der el-bahari« künden Wandbilder und Fresken von der größten Schiffsexpedition der Ägypter, die die Königin Hatschepsut um 1493 v. Chr. in das geheimnisvolle Goldland »Punt« entsandte.

Niemand vermag heute zu sagen, wann die Ägypter erstmals nach Punt aufbrachen. Wahrscheinlich zogen die ersten Expeditionen auf dem Landweg – mit Eseln, Kamelen und Ochsenkarren – in das sogenannte Goldland, ehe die Ägypter mit Schiffen aus

Binsen, Papyrus und Zedernstämmen übers Meer segelten. Alte Inschriften und Fresken bezeugen, dass schon um 2400 v. Chr. eine Schiffsflotte unter dem Pharao Sahure nach Punt segelte; elf andere Expeditionen reisten um 2300 v. Chr. – diese Unternehmungen wurden von einem Kapitän namens Chuj sowie seinem Steuermann Knemhotep geleitet, auf dessen Grabinschrift jene Fahrten überliefert sind.

Seit tausenden von Jahren haben ägyptische Wandbilder und Inschriften die Erinnerung an das geheimnisvolle Goldland Punt wachgehalten. Darüber hinaus fanden Archäologen ein über 4000 Jahre altes Schminktöpfchen, das bei der Suche nach der geographischen Lage von Punt eine entscheidende Spur lieferte: Datiert auf 2300 v. Chr. muss das kleine Schminktöpfchen einer Zeitgenossin Knemhoteps gehört haben. Im Inneren dieses kleinen Behältnisses entdeckte man die Reste von Rouge (Wangenschminke), das Spuren von Antimon enthielt. Antimon-Vorkommen gab es damals nur im heutigen Simbabwe sowie in Transvall, unweit des Unterlaufs des Sambesi, rund 7000 Kilometer von der ägyptischen Rotmeerküste entfernt.

Einen weiteren Hinweis auf das Goldland der Pharaonen gab die Bibel, in ihrem Bericht über König Salomo, der seine Handelsschiffe einst in das Goldland »Ophir« sandte. Dort heißt es: »Und Salomo baute auch Schiffe in Ezion-Geber, das bei Elath liegt am Ufer des Schilfmeeres im Land der Edomiter. Hiram (König der Phönizier) sandte auf die Schiffe seine Leute, die gute Schiffsleute und auf dem Meer erfahren waren, zusammen mit den Leuten Salomos. Und sie kamen nach Ophir und holten dort vierhundertundfünfzig Talente Gold (mehr als 100 Zentner) und brachten's dem König Salomo.« (1. Könige, 9, 26ff.) Aufgrund dieser Textstelle, erscheint es nahe liegend, dass Punt im Südosten Afrikas – vielleicht sogar mit dem biblischen »Ophir« gleichzusetzen ist, von wo König Salomo (etwa 968-928 v. Chr.) einst seine unermesslichen Goldschätze bezog, die alle drei Jahre mit jüdisch-phönizischen Seeflotten an den Hof von Jerusalem gebracht wurden.

Farbenprächtige Wandbilder im Terrassentempel von »Der el-bahari« zeigen, dass die Ägypter bereits vor tausenden von Jahren mit seetüchtigen Schiffen in ferne Länder reisten.

Die Theorie der Gleichsetzung von Punt mit Ophir wird schon dadurch gestützt, dass König Salomo einst der Schwiegersohn des Pharao Psusennes II. gewesen sein soll. Eine bedeutsame Verbindung, die zweifellos zu der Offenbarung des Goldlandes Punt bzw. Ophir geführt haben könnte.

IM KIELWASSER DER ALTEN ÄGYPTER

Auf der möglichen Route der altägyptischen Punt-Expeditionen zog ich schließlich per Kamel von Luxor – durchs wüste Wadi Hammamat – zum Roten Meer. Von dort segelte ich auf einer Feluke nach Port Sudan und um die Ostspitze des Schwarzen Kontinents herum, ehe es von der kenianischen Hafenstadt Mombasa in einem 2000-Kilometer-Törn die ostafrikanische Küste hinab ging. An Bord eines nostalgischen Einmastseglers lebte ich wie vor tausend Jahren. Die bunt gemische Crew hatte alle Hände voll zu tun. Es ging gegen den Südostmonsun, den die Seeleute »Kuzi« nennen. Von schwerer Dünung gebeutelt, wurde das Kreuzen oft zur Schinderei. Jede Stunde eine Wende. Schließlich zerriss das Segel. Baumwollfetzen flogen wie Geister davon. Einen Tag lang wurden die Risse geflickt, während das Schiff mit Motorkraft gegen Wind und Wellen ankämpfte. Bei ruhiger See lag ich nachts mit dem Rücken auf den Schiffsplanken. Über mir der weite Schwung der Milchstraße. Im Westen einige Lichter, die den Küstenverlauf andeuteten. Den Seegang im Blut, sagte ich mir die Namen der Orte vor, die wir tags darauf passierten: Kilwa, Kisiwani, Mtwara, Pemba, Lumbo, Momo, Pebane. Irgendwann sah ich vom Schiff aus die Sambesi-Mündung. Dort waren die ägyptischen Punt-Flotten vermutlich flussaufwärts ins Goldland von Südostafrika vorgedrungen.

LEGENDEN VON UNERSCHÖPFLICHEN GOLDMINEN trieben Abenteurer, Händler und Forscher einst nach Simbabwe, das alles hat, was Afrikas Flora und Fauna so bietet. Vor allem die großartigen Landschaften zählen, trotz vieler Farmgebiete, zu den urafrikanischsten Szenerien des Schwarzen Kontinents.

Bald darauf – Nova Sofala, Hafenstadt von Moçambique, wo mein Segeltörn endete und ich im Geländewagen ins Landesinnere fuhr – zu den Ruinen von »Great Simbabwe«.

Unter einem schier grenzenlosen Himmelsblau stieg ich eine 100 Meter hohe Hügelfestung hinauf, die aus mächtigen Granitblöcken und altertümlichen Gesteinsmauern bestand. Unvermittelt bot sich mir ein überwältigender Ausblick: Auf einem Areal von 40 Hektar stellten sich die Ruinen des größten afrikanischen Baudenkmals südlich der Sahara selbst aus. Zwischen Agaven, Kandelaber-Kakteen, Akaziengehölz und schütterem Rapoko-Gras standen mehr als hundert Steinbauten mit Türmen, Mauerringen und Palastresten.

Als der deutsche Geologe Karl Mauch 1874 – inmitten des zentralafrikanischen Buschs – hier die Überreste einer Stadt aus Granit entdeckte, setzte sofort die Legendenbildung ein.

Für Mauch und die nachfolgenden englischen Kolonisatoren unter Cecil Rhodes war klar: Diese gewaltige Stadtfestung mit ihren rätselhaften Mauern und Türmen konnte unmöglich das Werk von Eingeborenen sein. Man hielt sie vielmehr für das Zentrum des Goldlandes Punt, vermutete in ihr das legendäre Ophir, von dem die Bibel Kunde gibt – und schrieb sie sogar der Königin von Saba als Sommerresidenz zu.

Doch was nicht sein sollte, hat sich mittlerweile als wahr erwiesen: Great Simbabwe ist die Gründung afrikanischer Völker des Mittelalters, die hier regen Goldhandel betrieben. Wissenschaftler, die den Holzteilen (Stützpfähle) des Stadtkomplexes in den fünfziger Jahren mit Radiocarbon-Untersuchungen zu Leibe rückten, fanden heraus, dass viele Fundstücke aus dem 13. bis 15. Jahrhundert stammten, während die Steinbauten schon im 11. Jahrhundert entstanden. Damals gab es eine große Einwanderungswelle aus dem Norden Afrikas gen Süden, wobei die Karanga – eine Gruppe der Schona (Bantu-Volk) – wahrscheinlich die ältesten Mauern von Great-Simbabwe bauten.

Darüber hinaus bietet die geheimnisvolle Steinstadt Rätselhaftes zuhauf: So fanden Wissenschaftler auch Balken, die sie auf etwa 590 n. Chr. sowie auf 710 n. Chr. (plus/minus 80 Jahre) datierten. Auch hat man festgestellt, dass die frühesten Spuren menschlicher Besiedlung in dieser Region auf die Zeit um 300 v. Chr. zurückgehen. Diese ältesten Funde stammen von frühen Bantustämmen, die ehemals in das Gebiet des heutigen Simbabwe vordrangen und die dort ansässigen Buschmänner vertrieben.

Zudem wurde auch der Nachweis erbracht, dass um die Ruinen von Great-Simbabwe riesige Goldminen existierten. Archäologische Teams legten nach der Wiederentdeckung in Gebäuden und Stollen große Mengen von Gold frei, das zu Ketten, Perlen, Draht und Nägeln verarbeitet war. Einer der vielen Schatzsucher versicherte sogar, er hätte innerhalb von drei Jahren Gold im Wert von 4000 Pfund Sterling aus der Erde geholt. Heute geben die ehemals so ergiebigen Gruben nicht mehr viel her. Der Raum um die Ruinen von Great-Simbabwe weist keine der begehrten Edelmetalle mehr auf. Statt dessen steckt die mysteriöse Granitstadt noch immer voller ungelöster Rätsel, die jede Entdeckung in der Zukunft möglich macht. Vielleicht sogar die Auffindung des Goldlandes Punt.

Zwischen meterhohen Agaven liegen die Ruinen der einst wohlhabenden Stadt von »Great-Simbabwe«.

Das Gebirge der Chimanimani Mountains in Simbabwe gipfelt in dem 2438 Meter hohen »Binga Peak«. Dieses Bergland, das aus Quarziten und Sandstein besteht, birgt auch eine üppige Pflanzenwelt, die kein Mittelmaß kennt. – Der »Nyahodi River« stürzt hier über den »Bridal Veil Fall« (Brautschleier-Fälle) fast 50 Meter senkrecht in die Tiefe.

Etwa 300 Kilometer südlich von Harare, der Hauptstadt von Simbabwe, liegen die Steinbauten von »Great Simbabwe«. Ein gewaltiges Ensemble von imposanten Mauern, Wällen und Zinnen. Ein Granithügel mit Wehrmauern und mächtigen Gesteinsblöcken, die wie Elefantenrücken wirken, galt einst als Festungsanlage.

Die fugenlos aufgetürmten Steinmauern von »Great Simbabwe« sowie der »konische Turm« wurden einst dem legendären Goldland »Punt« sowie dem Sommerpalast der Königin von Saba zugesprochen. Mittlerweile weiß man, dass es sich bei diesen Ruinen um die Residenz der Könige eines großen afrikanischen Reiches handelt. Es sollen die Karanga gewesen sein, eine Gruppe der Schona, die im 13. Jahrhundert die ältesten Mauern dieser einzigartigen Steinstadt errichteten.

Die Ruinen von »Great Simbabwe« gelten als »Eldorado aus Stein«. Vor allem die elliptische Tempelmauer (Great Enclosure) birgt noch immer ungelöste Rätsel. Der 253 Meter lange Mauerring aus gleich großen Steinen wurde fugenlos aufgetürmt, so dass für die fast zehn Meter hohe und bis zu fünf Meter dicke Mauer rund 15000 Tonnen Steine nötig waren.

Atlas-Gebirge – Im marokkanischen Felsreich der Berber-Burgen

Marokkos gigantische Felskastelle des Hohen Atlas, die bis zu 4000 Meter aufragen, faszinieren ebenso wie das Massiv des Anti-Atlas, das zu den ältesten Gebirgen der Welt zählt. Hier faltete sich vor 400 Millionen Jahren, als Afrika noch Teil des Riesenkontinents Gondwanaland war, die steinerne Erdkruste auf – und die Gebirgskette des südmarokkanischen Anti-Atlas entstand. An den schroffen Hängen dieses Massivs bauten die Berber vor hunderten von Jahren vielstöckige Vorrats- und Wehrburgen aus Stein und Lehm. Einzigartige Märchenschlösser, die noch immer wundersame Einblicke in vergangene Zeiten bieten.

Umrahmt von grandiosen Felswänden trotzt die prachtvolle Kasbah »Ait Arba« Wind und Wetter. Zu Füßen der alten Wehrburg bahnt sich der Fluss Dadés seinen Weg.

Marokko hat sich mir auf ganz besondere Weise in die Erinnerung eingeschlichen. Besonders den Anti-Atlas werde ich nie vergessen – eines der ältesten Gebirge der Erde, das vor Millionen von Jahren entstand, als sich die steinerne Haut unseres Planeten auffaltete. Noch heute ragt die schroffe Felsbarriere des Anti-Atlas zweitausend Meter in den Himmel. Sie schützt Marokko vor dem heißen Wüstenwind »Schergui« – und bietet den Stämmen der Berber seit undenklichen Zeiten eine weltenferne Heimstatt. Auf all meinen Marokkoreisen erlebte ich immer wieder überwältigende Bilder, die mich aus dem 20. Jahrhundert herausnahmen. Vor allem wenn ich über Tanger, Rabat, Casablanca und Marrakesch in das über 4000 Meter hohe Gebirge des Hohen Atlas eintauchte. Schmale Passstraßen mit 18% Steigung und 18% Gefälle, gesäumt von dichten Zedernwäldern, führten mich dann durch bizarre Bergketten. Verwitterte Geröllhalden wechselten mit engen Schluchten und nacktem Fels, dessen Farbskala von Ocker über Rot bis Braun reichte.

Stunde um Stunde erklomm mein Fahrzeug stetig die Steilstufen des Hohen Atlas, der im Dschebel Toubkal (4165 Meter) seine größte Höhe erreicht, bis ich die letzten Schwindel erregenden Serpentinen zur Passhöhe von Tizi-n-Tichka (2260 Meter) überstanden hatte, wo mich hohe Schneewälle, ausgefranste Wolkenfetzen und eisige Kälte erwarteten.

Noch vor rund 100 Jahren umgingen die großen Karawanen das Atlas-Gebirge. Zu abweisend war diese Region, zu gefahrvoll eine Überquerung. Gleichwohl reiste Gerhard Rohlfs (1831-1896), einer der bedeutendsten deutschen Afrikaforscher des 19. Jahrhunderts, auf einer seiner wissenschaftlichen Expeditionen über die 3000 Meter hohen Gebirgspässe des Atlas-Gebirges: Regenfälle und Stürme behin-

derten damals die Pilgerschar der Berber vom Stamme der Beni Mgill, mit denen Rohlfs in den Süden zog. Dennoch fühlte sich der Forscher – der zum Islam übergetreten war und zwanzig Jahre lang Afrika erkundete – von diesem Bergland magisch angezogen. Völlig begeistert schrieb er in sein Tagebuch: »Es fehlt mir die Gabe, die Großartigkeit der Natur zu schildern. In diesen Urwäldern bemerkte ich zahlreiche Lärchenbäume von solchen Dimensionen, wie ich sie nie gesehen hatte. Nach meiner Ansicht beträgt ihr Umfang 3 bis 4 Meter. Auch die Steineichen sind hier von unglaublicher Höhe und Mächtigkeit. Oft versperren uns gestürzte Stämme den Weg. Reiten wir über Lichtungen oder sehen wir Berghänge, so sind diese bedeckt von Alpenrosen, Maiglöckchen und Butterblumen. Weit oben glänzt und blitzt der Schnee. Ich glaube mich in der Schweiz zu befinden, wo sie am schönsten ist, aber nicht auf den Hochpässen des Mittleren Atlasgebirges.«

IM REICH DER KASBAHS

Hinter der ehemals französischen Festung Quarzazate, im Süden Marokkos, kam ich in das urzeitliche Bergland des Anti-Atlas. Vor 400 Millionen Jahren, als Afrika noch Teil des Riesenkontinents Gondwanaland war, drückten titanische Erdkräfte dieses Massiv aus der Erdkruste. Das Sandstrahlgebläse des Wüstenwindes gab dann dem gigantischen Gebirge Schliff und Form. Es entstand ein bizarrer Naturgroßraum, der von Südwesten nach Nordosten verläuft.

Im Tertiär breitete sich hier noch tropische Savanne aus, und bis vor 1500 Jahren weideten in dieser Region sogar Elefantenherden. Mittlerweile versinkt der Anti-Atlas in seinem eigenen Verwitterungsschutt. Extreme Hitze und Kälte zermürben und zersprengen das weiche Gestein. Gleichwohl bleiben faszinierende Gebirgszüge, die im Spiel von Licht und Farben zur Sensation werden: Ganze Bergsättel leuchteten zuweilen in Crème de caramel, Mousse au chocolat und Karmin. Augenblicke, in denen sich mir der Eindruck mondsüchtiger Unwirklichkeit vermittelte. Nie zuvor hatte ich gewusst, dass es so viele Farbtöne zwischen Rot und Braun gibt.

Schließlich die pittoresken Dörfer der Berber, die Ksours (Sing.: Ksar) – zwischen Dattelpalmen, Schirmakazien, Mandelbäumen, Kameldornbüschen, kakteenähnlichen Euphorbien und Polstern der Fredolia artoides, die auch als »versteinerter Blumenkohl« bekannt ist. Wie Schwalbennester

Wie ein Koloss ragt eine Kasbah zwischen den schlichten Wohnhäusern der Berber auf. Teilweise werden noch heute Erntevorräte in den Speicherburgen aufbewahrt.

klebten die flachdachigen Wohnwürfel manchmal an den Bergwänden, umgürtet von Palmenhainen und kleinen Feldern, die durch Gräben bewässert wurden. Viele dieser Kanäle, gespeist von tiefen Brunnen, waren unterirdisch miteinander verbunden. Meisterwerke nordafrikanischer Baukunst.

Noch heute wirken viele Berberdörfer wie Bollwerke gegen den Fortschritt. Ohne jeden Kompromiss kontrolliert hier die »Djemaa«, die Ratsversammlung der Alten, den Alltag. Weit abgeschieden vom Leben des Königreichs Marokko, bewahren die Berber in extremer Felslandschaft schon seit Jahrhunderten ihr Brauchtum. Zu heiß sind hier die Tage, zu kalt die Nächte. Zu archaisch ist die Einfachheit des Lebens, das sich nur auf das Notwendige reduziert: Das Alltägliche, das getan werden muss, der islamische Glaube, den die Berber von den Arabern angenommen haben, und die Erhaltung ihrer eigenständigen Kultur, die sie vor der modernen Welt schützen.

Und dann, thronend auf felsigen Anhöhen, so übersinnlich schön, die Türme und Zinnen der Kasbahs (Festung). Eingebettet in eine grandiose Berglandschaft ragen hier jene Speicher- und Fluchtburgen der Berber auf, die vor etwa 400 Jahren als Vorratsfestungen gebaut wurden, um Getreide, Datteln, Honig, ranzige Butter oder getrocknete Heuschrecken – für magere Zeiten – zu lagern. Überdies nutzten die Berber die Kasbahs auch als Schutzburgen gegen Reiterscharen, die sie angreifen und unterwerfen wollten.

Seit jeher bildeten die Berber einen Kosmos für sich. Sie sind keine Marokkaner und wollen auch keine sein. Ein eigenwilliges Volk, das vom Wesen und Takt archaischer Natur geprägt ist. Mit dem Arabischen haben sie nichts gemein, denn sie zählen zur hamitischen Sprachfamilie. »Wir kamen vor langer Zeit mit dem Wind…«, hatte mir einmal ein alter Berber – in weißem Wollmantel und Pudelmütze – erklärt, als ich ihn nach der Herkunft seines Volkes fragte. Dennoch gibt es keine einheitliche Berbersprache. Statt dessen existieren etwa 5000 verschiedene Dialekte, nach denen die drei großen Berbergruppen gegliedert sind: Im Osten sowie im zentralen Marokko gibt es die Berber und Sanhadja, die »Tamazirt« sprechen, im Westen und Südwesten die Masmuda, zu denen auch die Schlöh (Chleuh) gehören, die das sogenannte »Taschilhit« verwenden – und im Norden sowie im Rifgebirge leben die Zenata, deren Sprache das »Tarifit« ist.

Die Spuren der Berber lassen sich bis ins dritte Jahrtausend v. Chr. zurückverfolgen. Schon damals besiedelten sie die Landstriche Nordafrikas lange vor den Arabern. Dennoch weiß niemand genau, woher dieses Bauernvolk einst kam, das sich selbst »Imizighen« nennt, was so viel wie »Mensch von edler Herkunft« bedeutet.

Traumhaft schön lagen die Berber-Burgen im Tal der Flüsse Draa und Dadès – wie auf einer Perlenschnur längs der Wasserläufe aneinandergereiht. Anmutig ragten die wuchtigen Bauten bis zu fünf Stockwerken auf, die aus Lehm, Stroh und rötlichbrauner Stampferde gefertigt waren. Nur so war damals eine Bauweise großer Flächen möglich, die Verschneidungen deutlich hervortreten lassen und doch fließende Übergänge der Formen erlauben. Vor allem war es das weiche Material, das eine vielfältige Ornamentierung – mit geheimnisvollen und geometrischen Mustern – ermöglichte.

Umrahmt von herrlichen Bergen, die die Zuckerbäcker zuweilen mit dem Schneebesen geschlagen haben könnte, kreisten Störche im Aufwind um die alten Lehmfestungen, landeten zuweilen auf den Spitzen der rund 20 Meter hohen Ecktürme, die sich nach oben hin verjüngen und von phallischen Aufsätzen begrenzt sind, die als Schutz vor bösen Geistern und Dämonen gelten.

Keine Kasbah glich der anderen. Jede war im Detail verschieden. Schon die kleinste Einheit einer Vorratsburg bestand aus einem mehrstöckigen Wohnturm und einem Gebäudekomplex, der von einer hohen Wehrmauer umgeben war. Je nach Größe dieser mittelalterlichen Festungen, fanden hier einst mehrere hundert Einwohner verschiedener Dörfer Platz, wenn Raubritter in die Täler einfielen – und die Berber-Familien bedrohten.

Arkaden und Säulengänge im marokkanisch-maurischen Stil spenden vielerorts Schatten, wenn die Sonne grell am Himmel steht.

Im Inneren jeder Kasbah trifft man auf ein Labyrinth von Gängen. Die Räume sind aus luftgetrockneten Lehmziegeln gebaut und mit einem Gemisch aus Lehm und Häcksel verputzt. Für die Deckenkonstruktion verwendeten die Berber unbehauene Baumstämme. Während das Erdgeschoss als Stall und Speicher genutzt wurde, lag der Wohnbereich in der oberen Etage. Farbige Türen und Türklopfer in Form einer Hand (die Hand der Fatima, Tochter des Propheten Mohammed) gelten als probates Mittel gegen den »bösen Blick«. Noch heute glauben die Menschen im arabischen Kulturkreis, dass die Zahl »fünf« magische Kraft besitzt.

Als ich den Anti-Atlas und das Reich der Kasbahs verließ, fuhr ich in südlicher Richtung zu den Oasendörfern der Provinz Tafilalet, die sich entlang des Oued Ziz-Flusses ausdehnt. In einem etwa 30 Kilometer langen Tal reihen sich hier mehr als 350 000 Palmen aneinander. Ein Gebiet, das Teil einer der ältesten Transsaharawege Nordafrikas war.

Im Hohen Atlas. Südlich des Bergpasses von Tizi-n-Tichka breiten Berberfrauen nasse Wäsche auf Steinmauern zum Trocknen aus. **Rechte Seite:** Zwischen grünem Palmenwald und kargem Gebirge, das zuweilen den wunderbarsten Fantasien entsprungen sein könnte, erstreckt sich ein erdfarbenes Dorf der Berber.

Unzählige mit Datteln, Salz und Sklaven beladene Karawanen kamen einst aus Mauretanien und Niger bis ins Tafilalet. Noch 1920 trafen Sklavenkarawanen aus Schwarzafrika hier ein.

Zentrum des Tafilalet ist die Oase Erfoud, in deren Nähe sich ein tropisches Korallenriff über dem Wüstenboden erhebt, das Beweis dafür ist, dass der Süden Marokkos vor Millionen von Jahren von einem tropischen Meer überspült war, in dem sogenannte Goniatiten – spiral- oder ein Meter lange lanzettförmige Tintenfisch-Verwandte – schwammen.

Jedes Jahr findet im Oktober in Erfoud das traditionelle Dattelfest statt – eine Art Erntedankfest. Bauern bringen dann Berge von Datteln in den Ort; orientalische Musikgruppen ziehen durch die Straßen; prachtvoll gekleidete Frauen trillern ihre schrillen Gesänge; Männer tanzen in blütenweißen Gewändern oder jagen hoch zu Pferd mit frenetischem »Allahu-akbar-Rufen« (Allah ist groß) über staubige Plätze. Ganze Dorfgemeinschaften sind oft auf den Beinen, wenn das hübscheste Mädchen zur »Dattelkönigin« gewählt wird, deren Gewinn eine kiloschwere Bernsteinkette ist. Aber die Sehnsucht nach Stille trieb mich anderntags weiter nach Südwesten. Dort folgte ich dem Draa-Fluss, der aus dem Hohen Atlas kommt. Tausende von Palmen standen kilometerlang an seinen Ufern, bis der Fluss im Sand einer schier grenzenlosen Landschaft verlorenging, die sich weit hinter dem Horizont Sahara nennt.

Als ich Zagora erreichte, die letzte Flußoase des Draa vor dem Sandmeer, entdeckte ich eine kleine Karawane auf einem Hinweisschild. Darauf stand: »52 Tage bis Timbuktu«. Was für eine Idee!

Zu Füßen der schneebedeckten Atlas-Berge sind die erdfarbenen Lehmhäuser und Festungsanlagen der Berber streng geometrisch gebaut. Je nach Stand der Sonne schimmern die Dörfer in vielfältigen Farben – mal lehmbraun, mal rostrot und mal ockergelb.

Wie Adlerhorste kleben die flachdachigen Wohnwürfel der Berberdörfer an den Felshängen des Anti-Atlas.

In der steinernen Unendlichkeit des Anti-Atlas entsprechen die Wohnhäuser der Dörfer den Farben der Landschaft. Die Kinder der Berber sind gleichsam Kinder der Berge, die in archaischer Natur aufwachsen, wobei alte Traditionen den Rahmen setzen.

Wo das Leben der Berber noch wie vor hundert Jahren verläuft, bringen schwer beladene Esel das Gemüse zum Markt. Im Süden Marokkos, wo rote Felskastelle wie Zeugen aus grauer Vorzeit aufragen, bahnt sich der Dadés seinen Weg durch grüne Täler und schroffe Bergflanken.

Auf den Märkten Marokkos treffen sich Menschen verschiedenster Couleur: lachende Berberfrauen, Geschichtenerzähler und Händler, die ihre Waren anpreisen. In Marrakesch, zu Füßen des Hohen Atlas, arbeitet der Gerber noch wie zu uralten Zeiten. Überall liegen orientalische Lebensfreude und fatalistische Duldsamkeit dicht beieinander.

Wie Wolkenkratzer ragen die Wehrtürme der Kasbahs zwischen den Bergzügen des Anti-Atlas auf. Vor hunderten von Jahren wurden die Speicher- und Wehrburgen aus Schlammziegeln, Stroh und Lehm gebaut.

Für Rita, Aaron & Dirk. Und für Harry Karsten, Jürgen Dreß, Volker Harzdorf, Andreas Krüger sowie Toni und Fele Ardente. Ihr seid bei der Entstehung dieses Buches ein Garant für »gute Laune« und »inspirierende Gespräche« gewesen.

Nostalgischer Dhau-Segler vor Sansibars Küste.

Impressum

Lektorat und Umschlaggestaltung: Robert Fischer

Textredaktion: Rita Eickhoff

Gestaltung: Ruth Kammermeier nach Entwürfen von Achill Moser

Bildlegenden: Achill Moser

Alle Fotos vom »Produktionsteam Achill Moser«, zu dem auch Carsten Wulff, Christopher Landerer und André Poling gehörten.

Computerkartographie: Theiss Heidolph

Alle Angaben dieses Werkes wurden vom Autor sorgfältig recherchiert und auf den aktuellen Stand gebracht sowie vom Verlag auf Stimmigkeit geprüft. Für die Richtigkeit der Angaben kann jedoch keine Haftung übernommen werden. Für Hinweise und Anregungen sind wir jederzeit dankbar. Bitte richten Sie diese an den Bruckmann Verlag, Lektorat, Postfach 80 02 40, 81602 München.

Gedruckt auf chlorfrei gebleichtem Papier.

Die Deutsche Bibliothek – CIP Einheitsaufnahme
Ein Titeldatensatz für diese Publikation ist bei der Deutschen Bibliothek erhältlich.

Gesamtverzeichnis gratis:
Bruckmann Verlag GmbH,
Postfach 80 02 40
81602 München
Internet: www.bruckmann.de

Printed in Hungary
ISBN 3-7654-3744-1